NOTICE HISTORIQUE

SUR LA VILLE

DE COULOMMIERS,

DÉPARTEMENT DE SEINE-ET-MARNE,

DEPUIS SA FONDATION

JUSQU'A CE JOUR,

Suivie du Procès du nommé **ABEL DE LA RUE,** *condamné à être pendu et brûlé, pour avoir* **NOUÉ LÉGUILLETTE,** *et exécuté sur la Place du Marché de ladite ville, le 23 juillet 1582.*

A COULOMMIERS,

CHEZ ROUGET, LIBRAIRE-ÉDITEUR;

ET A PARIS,

CHEZ TOURNEUX, LIBRAIRE,

QUAI DES AUGUSTINS, Nº 13.

1829.

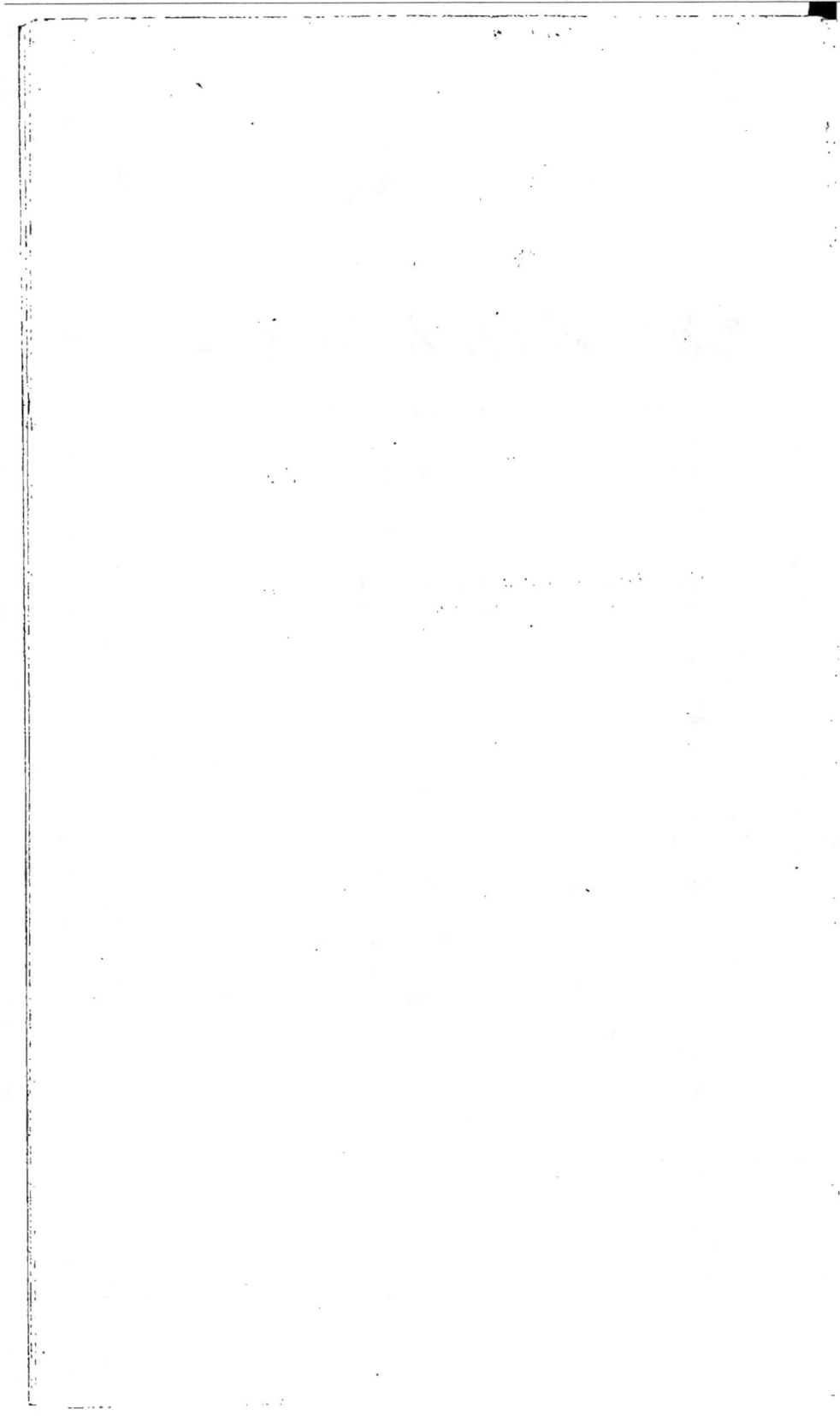

A

MES COMPATRIOTES.

Hommage d'estime et d'affection.

ROUGET,
Libraire-Éditeur.

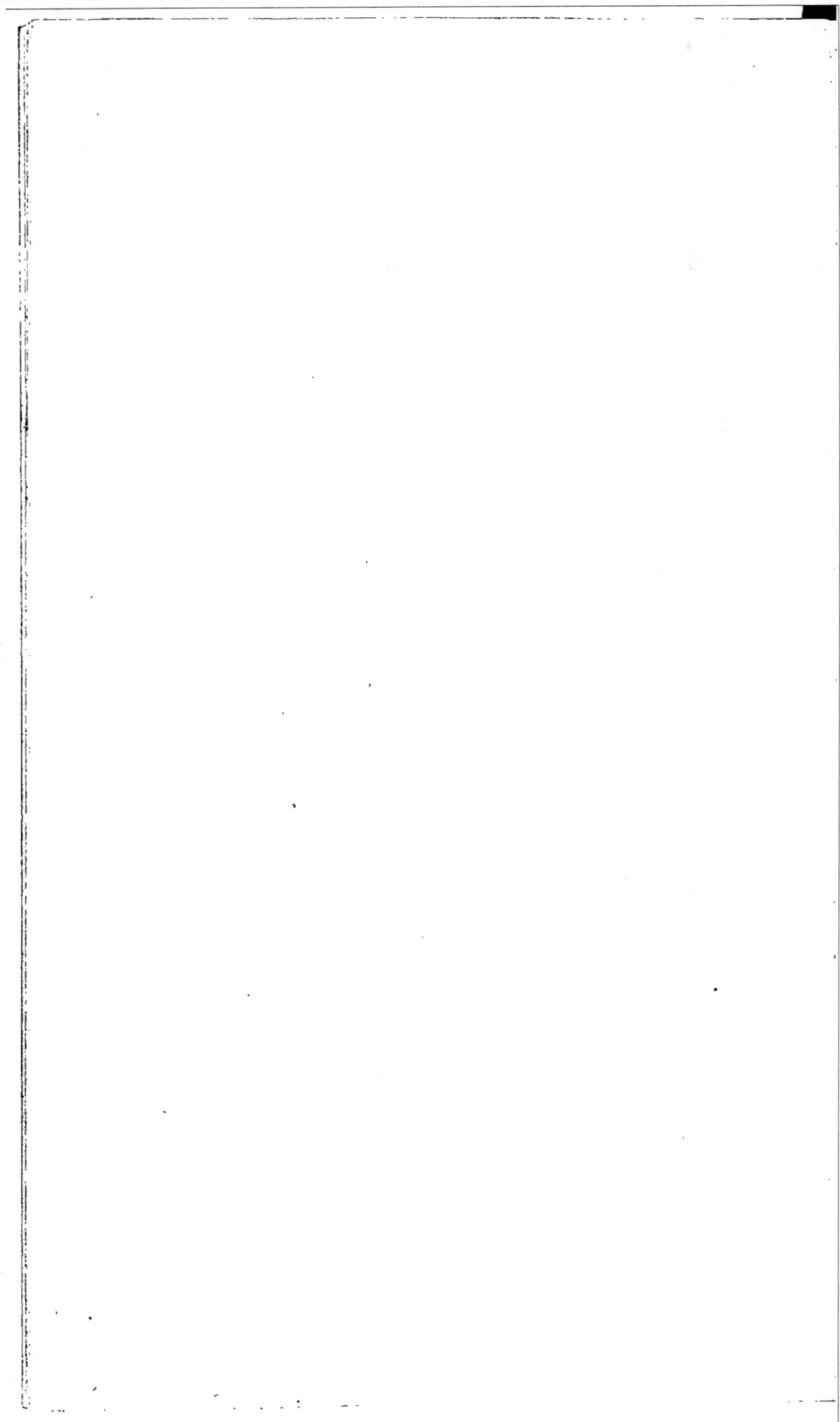

AVIS

LIBRAIRE-ÉDITEUR.

※

M. *Michelin*, imprimeur à Melun, vient de publier un *Essai historique et statistique sur le département de Seine-et-Marne*. C'est d'après les renseignemens qu'il a puisés dans les anciennes Chroniques, et ceux que lui ont fourni divers particuliers, qu'il y a donné une histoire sommaire des villes de Melun, Fontainebleau, Provins, Meaux et Coulommiers. Il n'a consacré que deux pages à l'histoire de cette dernière ville, et n'a pas même dit un mot de ses seigneurs, quoiqu'il se soit étendu fort longuement sur ceux des autres villes. Cependant Coulommiers, qui compte au nombre de ses seigneurs des rois de France, des rois de Navarre, des rois d'Aragon, des princes et princesses du sang, et l'élite de la noblesse, méritait bien qu'on en fît mention.

Cette lacune qu'il a laissée dans son *Essai historique sur le département de Seine-et-Marne*, dont la ville de Coulommiers est un chef-lieu d'arrondissement, j'ai essayé de la remplir.

Une ville dont la seigneurie était briguée par la plus illustre noblesse de France, qui a été visitée plusieurs fois par ses souverains, méritait plus de détails sur son origine, son ancienneté, les hommes célèbres à qui elle a donné le jour, son état actuel, et jusqu'à ses malheurs, que n'en a donné l'historien des villes de ce département.

J'ai été aidé dans mes recherches par l'obligeante complaisance de M. le marquis de *Varennes,* Mme de *Saint-Marc,* M. *Huvier* et quelques autres personnes qui se sont empressées de me communiquer les documens qui étaient en leur possession.

Il existe un manuscrit qui entre dans beaucoup de détails sur l'étymologie des noms de plusieurs rues de Coulommiers, sur les enceintes qu'elle a occupées successivement, sur quelques faits qui y ont eu lieu anciennement, et sur les environs : ce manuscrit m'eût été très-utile; mais le haut prix qu'y met son possesseur ne m'a pas permis d'en faire l'acquisition.

Toute incomplète que soit cette notice, elle entre dans des détails qui suffiront aux habitans de cette ville, à ceux de son arrondissement, et aux amateurs des histoires particulières des villes de la France.

ROUGET,
Libraire-Éditeur.

NOTICE HISTORIQUE

SUR

COULOMMIERS.

✳✳✳✳✳✳✳✳✳✳

ANTIQUITÉS DE CETTE VILLE.

✳✳✳✳✳✳✳✳✳✳

SITUATION PHYSIQUE.

Coulommiers, ville de la province de Brie, actuellement du département de Seine-et-Marne,
chef-lieu autrefois d'une élection et maintenant
l'une des cinq sous-préfectures dudit département,
est située sur la rivière du Grand-Morin, à quinze
lieues et demie ou trente-un milles est de Paris,
cinq sud-est de Meaux, trois sud de la Ferté-sous-
Jouarre, quatre nord-ouest de la Ferté-Gaucher,
quatre nord de Rozoy; sa longitude est de 20° 40′;
sa latitude de 48° 48′. Le Morin forme plusieurs bras dans la ville et le faubourg de Provins;
elle est environnée de montagnes qui forment un

I

bassin rafraîchi par les vents d'ouest et d'est, ce qui contribue à rendre ce vallon très-sain. On y voit communément des personnes de quatre-vingts ans, sans aucune infirmité.

※

ORIGINE.

On ne peut dire en quel temps ni par qui Coulommiers fut bâti. Gauthier, dans son *Traité des ponts-et-chaussées,* assure que, dans l'*Itinéraire* d'Antonin, elle est connue sous le nom de *Condate;* elle est nommée dans tous les anciens titres, *Columbariæ, Columbariarum.* Tous les autres noms qu'on a substitués à celui-ci sont modernes et ne passent pas le sixième siècle.

L'étymologie qu'en donne M. Le Dieu, chancelier de l'église de Meaux, qui fait dériver ce mot de *Colombario famosa sive a Multitudine Columbarum,* ne paraît pas juste, le beau colombier de Pont-Molin qu'il avait en vue n'ayant été construit que dans les derniers temps, et ni la ville, ni les environs ne contenant pas d'ailleurs plus de colombiers que le reste de la Brie.

Quoi qu'il en soit, il est certain que du temps des premiers comtes de Troyes et de Meaux, nommés depuis *comtes de Champagne et de Brie,* Coulommiers subsistait et faisait partie de leur domaine, qu'ils y venaient de temps en temps et habitaient dans le château des Salles, qui a été depuis le couvent des religieuses de la congrégation de Notre-Dame de la Paix.

Il y a des preuves que Hébert II, fils aîné du premier comte de Champagne et qui succéda à son père et à son frère cadet dans les comtés de Champagne et de Brie, y venait quelquefois. Plusieurs chartes de ces comtes sont datées de ce lieu.

Cette ville, toute petite qu'elle était alors, était fort peuplée, et l'on voit, par le titre d'affranchissement de la ville de Meaux en date de 1169, qu'elle avait droit de prendre, avec cette dernière ville, dans la forêt du Mans, le bois pour son chauffage et y faire des échalas, et, en cas de différend entre les deux communes, il y est nommé cinq arbitres pour la commune de Meaux et quatre pour celle de Coulommiers.

Le titre d'affranchissement de la ville de Coulommiers est de 1231; il est dit qu'elle sera gouvernée par treize prud'hommes, dont un sera choisi pour *major* ou *mayeur* ou *maire*.

Le comte de Thibaut IV régla ainsi cet affranchissement par sa charte donnée en juin 1231 : « Et si est a savoir que gie ou autres de mes gens » élirons chacun un an, treize prudhommes de la » commune de Coulommiers à buenne foi, et ces

» treize élirons l'un d'eux *major* chacun en dedans
» la quinzaine que gie les aurai nommés, et cil ne
» l'avoient élu dedans la quinzaine, gie mettrai l'un
» d'eux treize nommés suivant sor sain que ma
» droiture et cely de la commune de Coulommiers,
» ils garderont, gouverneront la ville et les af-
» faires de buenne foi. »

AGRANDISSEMENT.

Coulommiers a eu ses agrandissemens : d'abord,
l'enceinte n'était pas considérable; mais, en 1400,
on y fit de nouvelles murailles, dans l'intérieur
desquelles est compris le Montcel et le Prieuré
de Sainte-Foi, le Marché et ce qu'on appelle *les
Dos d'Anes;* l'on fit passer la rivière dans les fossés. Il y a beaucoup de canaux souterrains qui
contribuent à rendre la ville saine.

Cette ville a beaucoup souffert, ainsi que les environs, dans le temps que les Anglais étaient presque maîtres de la France. Ils s'emparèrent de la
ville en 1428; mais Charles VII, revenant de
son sacre, la reprit sur eux; en juin 1430, la veille
de saint Jean-Baptiste, les Anglais de la garnison
de Meaux surprirent la ville de Coulommiers par
escalade; ils y restèrent jusqu'à la Toussaint sui-
vante, époque où ils en furent chassés par les habitans, ainsi que le constate l'extrait suivant du
compte rendu par Guillaume Tonart, receveur de
Coulommiers. « Saisie alors sur le roi de Navarre,
et madame de Bavière, tenant parti contraire à ce-

lui du roi de la dépouille, demi pièce de prés, néant pour la fenaison de l'année 1430, échu en compte pour ce que les gendarmes, étant en garnison audit Coulommiers, sont messire Denis de Chailly et aussi les Anglais, qui, durant cette fenaison, emblèrent ladite ville d'échelles et firent paître et manger l'herbe desdits prés à leurs chevaux. »

La ville de Coulommiers fut souvent inquiétée par les ligueurs, parce qu'elle tenait le parti du roi. Elle a été obligée de fournir des vivres, tant à l'armée du roi qu'à celle des ligueurs, et même des contributions en argent aux Espagnols, en 1592, pour éviter le pillage dont elle était menacée.

En 1633, le roi lui accorda l'aide d'une maille sur chaque pain vendu en détail, pour être le produit (ce qui, cette même année, monta à 20 fr.), employé aux fortifications et à l'entretien des remparts, pour la défendre contre les incursions de l'armée anglaise, commandée par le comte d'Arondel.

Les guerres de religion n'ont point fait de ravage dans cette ville, qui s'est toujours maintenue dans la religion romaine.

En 1494, Pierre Grotteau, alors marguillier de la paroisse de Coulommiers, fut nommé par Nicolas Grotteau, son frère, exécuteur de son testa-

ment, lequel Michel Grotteau légua à la fabrique
une somme de dix livres, de laquelle Pierre Grotteau acheta, au profit de la fabrique, plusieurs
pièces de prés es environs du Theil et fit l'achat
d'une paix d'argent qui subsistait encore en 1497,
ainsi qu'il résulte de la délivrance, en date du 6
avril de cette année 1497, après Pâques.

En 1583, la peste se fit sentir à Coulommiers.
Nicolle Fromont, veuve d'André-le-Noir, en mourut dans sa maison; le même jour, Nicolas-le-Noir,
son fils, en mourut aussi. La porte de cette maison fut mûrée et condamnée par ordonnance de
police. La peste se manifesta encore à différentes
fois dans cette ville, et singulièrement en 1637 et
en 1638. Elle avait déjà fait beaucoup de ravages
en 1544 et en 1561.

Vers le milieu du seizième siècle, il y avait à
Coulommiers des avocats plaidans, du nombre
desquels, François de Beaufort, Giles Bobé, Simon
Millard, Jean Leroi, Nicolas Mondolot, Simon
Rigantel et autres. Il y avait aussi douze procu-
reurs et dix notaires, qui tous vivaient de leur état.

Il fallait que le pays fût alors plus peuplé qu'au-
jourd'hui, qu'il y eut un plus grand nombre d'af-
faires, ou plutôt que le peu qu'il en coûtait pour
plaider, rendît l'humeur plus processive qu'elle

ne l'est de nos jours. Il est vrai qu'anciennement les parties ne comparaissaient pas en jugement, qu'elles ne fussent, comme on parlait alors, suffisamment garnies de leurs avocats et procureurs; il faut observer aussi que, dans ces temps, le papier timbré, le contrôle, les insinuations et une multitude d'autres droits nouveaux, dont on a chargé les actes judiciaires, n'existaient pas.

Il paraît que, vers le milieu du quinzième siècle, la maladie connue sous le nom de *ladrerie*, s'était manifestée à Coulommiers, et qu'il se pratiquait alors de singulières cérémonies au sujet de cette maladie.

On voit, par un extrait de compte rendu aux habitans de cette ville, par Géofroi Marion et Jean Grotteau, marguilliers de la paroisse pour l'an 1476, les articles de dépense qui suivent : « Pour » une citation contre Jehan Thibautel, lequel était » soupçonné ladre, payé quatre deniers tournois » au jour de la citation à Meaux; fut payé pour » les médecins qui visitèrent ledit Thibautel, la » somme de treize sols neuf deniers tournois. Pour » la commission et déclaration d'être dit ladre, » fut payé à monsieur l'official, le scelleur de » messire Jean Poucin, vingt sols tournois par le- » dit marglier.

» Au dit marglier, pour avoir vaqué deux jours
» touchant le pourchas du dit ladre, dix sols tour-
» nois.

» Le mardi 24 mars, ledit Thibautel fut mis
» hors du siècle et fut baillé pour lui par les mar-
» gliers un pain de onze deniers tournois, une
» pinte de vin de dix deniers tournois, et pour ce,
» dix-sept deniers tournois. A Fainclos Thibaut,
» pour avoir fait la fosse du dit ladre, payé dix
» deniers tournois (ceci était de pure cérémonie
» et pour marquer que le ladre était mort au
» monde); *item*, ce dit jour, pour le denier du
» curé et du chapelain, le procureur, et autres
» des habitants qui menèrent le dit ladre à la ma-
» ladrerie de Saint-Ladre (les Chailly), fut payé
» par les dits margliers, la somme de dix-sept sols
» six deniers tournois. »

Beaucoup de nos rois ont honoré Coulommiers
de leur présence. En 1429, Charles VII, revenant
de se faire sacrer à Reims, vint dans cette ville,
qui avait soutenu le siége contre les Anglais, et
reçut les nouvelles assurances de la fidélité de ses
habitans. Ils allèrent au-devant de ce roi, qui fit
présent à la fabrique de vingt sols pour l'entretien
des torches qu'on avait porté à son entrée. En
1480, Louis XI, accompagné de l'abbé de Con-

ques, fit aussi son entrée dans cette ville. Le 24 avril 1566, Charles IX y passa quelques jours. Il y fit saisir le temporel du prieuré de Sainte-Foi, sur le prieur qui avait négligé d'y faire les réparations nécessaires. Le prieur était le célèbre Claude de Pence, docteur de la maison des Ursins, par sa mère, qui était enterrée à Saint-Côme, et représentée sur une colonne au bas de l'église.

Catherine de Gonzague et de Clèves, veuve de Henri d'Orléans, premier du nom, duc de Longueville et de Estouteville, fit bâtir en 1613, le magnifique château de cette ville, un des plus beaux et des plus somptueux qu'on ait élevés en France dans les derniers siècles. Du Ry, célèbre architecte d'Argentan, en Normandie, en a eu la conduite et l'exécution, sur un dessin nouvellement venu d'Italie. Il était presque fini en 1629, lorsque cette princesse mourut. Marie-Charles-Louis d'Albret, duc de Chevreuse, en ordonna la démolition en 1736. Cette dame fonda aussi les Capucins de cette ville en 1617; l'évêque de Bethléem fit la dédicace de l'église en 1615. On voyait dans l'église, au-dessous du maître-autel, une grotte destinée pour la sépulture de la fondatrice, qui ne mourut point en France. Ce château jouis-

sait d'une telle réputation de magnificence que,
le dimanche 21 septembre 1631, Anne d'Autriche, femme de Louis XIII et mère de Louis XIV,
s'y transporta pour le voir et que Louis XIII y
vint aussi pour le même sujet, le 22 octobre de la
même année.

Il n'y avait qu'une paroisse dans cette ville, sous
l'invocation de saint Denis, dans laquelle il y avait
quatre chapelains à la nomination du curé. Les
quatre chapelles furent fondées en 1397, par Jehan
Blanchandin, curé de Coulommiers. La tradition
est que saint Thomas de Cantorbéri a fait la consécration de la paroisse.

Il y avait trois chapelles en titre dans la paroisse : la chapelle de la petite mère de Dieu, à la
nomination de l'évêque de Meaux, ainsi que la
chapelle Saint-Louis, et la chapelle saint Jean-
Baptiste, à la nomination du prieur de Sainte-Foi.
Il n'y a rien de remarquable dans le vaisseau de
la paroisse, qui paraît avoir été fait à plusieurs re-
prises. La tour où sont les cloches a été cons-
truite en 1552.

Le prieuré de Sainte-Foi fut fondé vers l'an
1080 par Thibaut, premier comte de Champagne
et de Brie. Ce prince le donna à l'abbé et aux religieux de Conques, diocèse de Rhodes.

Ce comte s'étant croisé, laissa à Adèle, son
épouse, le soin de terminer le procès qui existait
entre l'abbé de Conques et celui de Rebais, au
sujet de la dépendance du prieuré. Le procès fut
terminé, en janvier 1102, en faveur de l'abbé de
Conques. Il y a tout lieu de croire que ce fut ce
Thibaut qui, dans le onzième siècle, fit construire
l'église de ce prieuré, telle qu'on la voyait en
1793, à la réserve des voûtes de la nef, qui ne furent bâties que long-temps après. Vers la fin du
treizième siècle ou au commencement du quator-
zième, la dédicace ou consécration en fut faite sous
l'invocation de sainte Foi par saint Thomas, archevêque de Cantorbéri, suivant une ancienne tradition. Le prieur de Sainte-Foi nommait à la cure
de Coulommiers, dont il était curé primitif. Il
nommait encore aux cures de Saints et d'Aulnoy.
La cure d'Aulnoy était un démembrement de
celle de Coulommiers. Elle a été érigée en 1226.
Il y a, en outre, la collation de plusieurs chapelles;
savoir : celle de la Trinité, fondée en l'église de
Sainte-Foi en 1347, et celle de Saint-Michel, fondée en la même église en 1375.

La chapelle de Saint-Pierre en Veuve, fondée
en 1190 par Pierre de Touquin et Édelinne, sa
femme; celle de Pont-Molin, sous l'invocation de

sainte Marguerite, fondée en 1220, par Thomas de Vaux, écuyer; celle de la Grange-Justin, sous l'invocation de saint Jacques et saint Philippe, fondée en 1234 par Jean de la Grange, écuyer; plus, celle de Montanglaust, sous l'invocation de la sainte Vierge, fondée en 1241 par Pierre Robert Arnouf et Jean de Montanglaust, chevaliers, frères, pour satisfaire à l'intention d'Edelinne de Montanglaust leur mère, qui, dès l'an 1224, avait projeté cette fondation.

Le prieur de Sainte-Foi avait encore droit de pourvoir aux grandes et petites écoles de la ville de Coulommiers.

Le curé de Coulommiers prétendait anciennement que le prieur de Sainte-Foi était tenu de lui donner à dîner et à son chapelain et clerc le jour de saint Denis d'octobre, et ayant intenté, à ce sujet, un procès au prieur, il fut débouté de sa demande par arrêt du parlement du 15 mai 1492.

Le prieuré est bâti à l'extrémité de la ville du côté de l'orient, sur un monticule appelé anciennement le Montcel Sainte-Foi et dont la seigneurie a été accordée au prieur et aux religieux, par le titre même de leur fondation. Le comte de Champagne leur a accordé, en même temps, un

droit sur toutes les denrées de la foire qu'on doit
rapporter à celui de la justice seigneuriale, que le
prieur exerçait de temps immémorial dans toute la
ville, pendant deux fois vingt-quatre heures, dans
le temps de la foire saint Denis. Il y avait, à ce sujet, une transaction entre les seigneurs de Coulommiers et lui.

L'abbaye de Conques ayant été sécularisée,
ainsi que ses membres, par une bulle du pape
Paul III de 1537, cette sécularisation entraîna
celle du prieuré de Sainte-Foi; mais les difficultés qu'elle occasiona ne furent terminées qu'en
1560, temps où les religieux bénédictins sortirent
de ce prieuré.

Parmi les chartes conservées dans ce prieuré, on
voyait les lettres de confirmation de l'établissement
des chapelains de la paroisse. Ces lettres furent
données par Pierre Fremel, évêque de Meaux, à la
sollicitation du fondateur. Il y avait une charte
en parchemin qui contenait le détail de quinze mi-
racles opérés en l'église de ce prieuré, pendant le
laps de soixante-cin qans, écoulés depuis 1406 jusqu'en 1471, sur autant de particuliers qui ont re-
couvré la vue qu'ils avaient perdu. Cette charte
était une copie ou une expédition des procès-ver-
baux détaillés et dressés par les notaires et tabel-

lions de cette ville; simple formalité qu'on croyait alors probablement suffisante pour constater ces merveilles.

Ce ne fut que le 4 mai 1523 que les reliques de Sainte-Foi furent apportées de l'abbaye de Conques en cette église.

René-Hector de Marle, conseiller et aumônier ordinaire du roi, abbé de Saint-Jacques de Provins, était administrateur du prieuré de Sainte-Foi, pour Jean de Mergriens, qui donna à la ville de Coulommiers, en 1589, un terrain pour y bâtir un collége.

Les religieuses de la congrégation de Notre-Dame de la paix, ordre de Saint-Augustin, furent établies en 1637. On les fit venir de Lorraine; elles demeurèrent d'abord dans la rue des Gaillardins; mais y étant trop à l'étroit, elles achetèrent en 1649, des seigneurs de Coulommiers, l'ancien château de cette ville.

Il y avait dans ce château deux chapelles; savoir : celle de la Magdelaine, et celle de Saint-Nicolas, lesquelles étaient desservies à l'autel des religieuses, et étaient à la nomination des seigneurs de Coulommiers.

Il y a dans la ville de Coulommiers un Hôtel-Dieu. On ignore le temps de sa fondation; mais on a des preuves qu'il existait avant 1242, qu'il a été fondé et doté par les habitans.

Les maires et échevins en étaient les administrateurs; on y recevait les pauvres âgés des deux sexes, et les orphelins baptisés sur les fonts de Saint-Denis de Coulommiers.

En 1595, le roi y réunit la pairie de Chailly; en 1290 le roi Philippe-le-Bel et Jeanne de Navarre sa femme, y fondèrent une chapelle sous l'invocation de la sainte Vierge, qui est à la nomination du seigneur de Coulommiers.

En 1295, Jacques de Patras y fonda aussi une autre chapelle sous l'invocation de la sainte Vierge. La même année, Adam, évêque de Meaux, permit d'y avoir deux cloches.

Cette chapelle a été démolie en 1541.

Il y avait encore dans la ville un hôpital de charité où l'on recevait les pauvres malades de la paroisse et quelques-uns des paroisses voisines. Il avait été fondé en partie avec le produit d'un legs fait par Jean Lhuillier, neveu de Géofroy, qui lui avait résigné le prieuré de Sainte-Foi en 1707, et en partie par les soins du cardinal de Bissy.

Cet hôpital était desservi par trois sœurs de la charité de la congrégation de Saint-Lazare.

Cette ville a donné naissance à plusieurs hom-

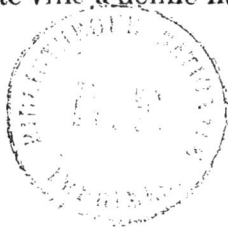

2

mes célèbres. Elle est la patrie du bienheureux Hubert Charpentier, licencié de la maison de Sorbonne, qui établit les prêtres du calvaire sur la montagne de Bétharam en Béarn, sur le mont Valérien, près de Paris et à Notre-Dame de Garaison, au diocèse d'Auch. Il naquit en 1665 et mourut à Paris en odeur de sainteté, le 16 décembre 1740, âgé de quatre-vingt-cinq ans, un mois et six jours;

Du fameux Valentin, peintre, né en 1600; il entra fort jeune à l'école de Gonet, et alla ensuite en Italie;

De François Petit, général de l'ordre des Mathurins et ministre de la maison de Paris;

De Louis Petit, son neveu, aussi général du même ordre et ministre de la même maison;

D'Étienne Guillier, homme d'armes qui fut ennobli par Charles VII, en 1441, pour les belles actions qu'il fit au siége de Pontoise sur les Anglais, étant monté le premier à la brèche.

Le célèbre Jean de la Fontaine, appartient aussi à cette ville, puisque sa mère (Françoise Pidoux) était fille de Valentin Pidoux, bailli de cette même ville.

M. Guy Gaussard Flamignon, prieur de Sainte-

Foi à Coulommiers, publia en 1574, *in*-8°, une traduction française de l'Apologie d'Athénagore. L'épître dédicatoire à M. de Thou est datée de Coulommiers. Ce prieur paraît avoir succédé au célèbre Claude Despunc et lui avoir été attaché.

Coulommiers a également donné le jour au général Baurepaire, qui préféra se donner la mort en 1792, que de rendre la ville de Verdun à l'ennemi, qui l'assiégeait.

Enfin, c'est dans ses murs qu'est né M. Alexandre Barbier, bibliothécaire de S. M. Louis XVIII et du conseil d'état, homme aussi recommandable par sa vaste érudition que par l'aménité de son caractère. On lui doit un dictionnaire des anonymes et des pseudonymes, ouvrage auquel il a consacré sa vie entière, qui a eu deux éditions et est apprécié par tous les savans de l'Europe. On lui doit également des recherches savantes sur le livre de l'Imitation de Jésus-Christ, sur son auteur et les différentes éditions qui en ont été faites; un supplément à la correspondance de Grimm; enfin, une notice sur M. Huvier Desfontenelles, né également à Coulommiers, homme de mérite et son ami; la mort l'a ravi aux sciences et à ses amis en 1825. Il a eu de com-

2.

mun, avec l'illustre auteur de Phèdre et d'Athalie, de ne pouvoir survivre à une disgrâce non méritée.

FIN DES ANTIQUITÉS.

ÉTAT ACTUEL

DE

COULOMMIERS.

*

Depuis soixante ans, il s'est opéré successivement
de grands changemens dans cette ville, et ils sont
tous à l'avantage de sa salubrité et de la régula-
rité de ses rues. Les fossés remplis d'eau qui la
ceignaient depuis le moulin de l'arche jusqu'au
bras de rivière qui coule près la poterne, ont été
comblés ; des promenades plantées d'arbres ont
remplacé ces mares humides, d'où s'exhalaient,
pendant l'automne, des miasmes pestilentiels qui
rendaient les fièvres intermittentes endémiques
dans cette ville; l'action soutenue, quoique lente,
de la grande voirie, a élargi et aligné les rues
étroites et tortueuses dont parle l'historien du département de Seine-et-Marne.

Sur les débris de l'église de Sainte-Foi se sont
élevés des jardins gracieux, dont la végétation as-
sainit l'air; et dans les bâtimens du prieuré, on a
réuni le tribunal civil, le greffe; la caserne des

gendarmes et la prison ; peu de petites villes possèdent une salle d'audience plus élégante et mieux distribuée et éclairée.

Les chambres des prisonniers, placées au-dessus de la salle d'audience, sont saines, aérées, et ils y jouissent d'une vue étendue sur la campagne. Des cours spacieuses offrent aux détenus des lieux propres à prendre de l'exercice, moyen efficace d'entretenir la santé chez des malheureux privés de leur liberté ; une chapelle desservie par un vicaire de la ville, réunit tous les dimanches les détenus des deux sexes ; on y dit une messe basse, suivie d'une exhortation qui a quelquefois fructifié, en ramenant à des principes religieux les infortunés qui les avaient oubliés.

L'hospice de la Charité, qui était dans la rue du Montcel Sainte-Foi, a été réuni à l'Hôtel-Dieu qui est dans la rue de Meaux ; et, dans le local qu'il occupait, on a établi la mairie, ses bureaux, la salle du conseil municipal et la salle d'audience du juge de paix.

Les deux portes de la ville, d'une architecture lourde et gothique, ont été démolies et remplacées par des barrières qui ne bornent plus la vue. Ce sont la porte de l'Hêtre et celle de Meaux. La démolition de cette dernière a procuré la perspective d'une vue pittoresque : du haut de la montagne de Montanglaust, l'œil plonge en ligne directe jusqu'au centre de la ville.

Deux fontaines, dont les sources ne tarissent jamais, l'une sur la place Saint-Denis (près de l'église), et l'autre sur la place du Marché, entretiennent la propreté et la fraîcheur dans les rues de la ville; leur eau est saine. On espère que bientôt, si ses moyens le lui permettent, la ville en élevera une dans le rond point de la porte de Meaux. Elle serait très-utile à la population du faubourg, et couperait agréablement les deux promenades des fossés.

Il existait avant la révolution deux compagnies armées et habillées uniformément, l'une dite des arquebusiers, et l'autre des fusiliers. Elles prenaient les armes dans les cérémonies religieuses et civiles. Dissoutes en 1793, elles ont été remplacées par une compagnie de pompiers, dont le courage et le dévouement sont fréquemment utiles aux habitans de la ville et des environs.

Dans le local occupé par les religieuses augustines et vendu comme bien national, se trouve actuellement une institution de jeunes gens, très-courue, dirigée par un maître habile et recommandable; cet établissement est si heureusement

distribué, la cour de récréation si vaste, et les jardins si agréables, que beaucoup de pères de fa-
mille s'empressent d'y placer leurs enfans. Sur le
même terrain, et séparée par un mur de clôture,
se trouve aussi une institution de jeunes demoi-
selles, qui jouit des mêmes avantages sous le rapport de l'éducation, de la salubrité et de l'agré-
ment. En face de ces deux établissemens est un
vaste terrain, contigu d'un bout à la rivière, et
dans toute sa longueur aux anciennes écuries du
château. La ville en loue une partie à un jardi-
nier, et l'autre à des tanneurs, pour y faire sé-
cher leurs mottes et les y fabriquer. On pourrait
en faire une promenade agréable, en le plantant
d'arbres et le semant de gazon : exposé au midi,
ce serait l'hiver, et dans les soirées d'été, le rendez-
vous des promeneurs. La vue ne serait plus affli-
gée, ni l'odorat blessé par ces amas de tan, ces
murs d'appui tombant en ruines, et ce jardin
privé d'ombrage et stérile. Un quai en maçon-
nerie, depuis le pont Rouge jusqu'à la jonction
du bras de rivière qui coule derrière les écuries,
protégerait cette promenade contre les inonda-
tions du Morin. S'il n'est pas donné à la génération actuelle de jouir de cet embellissement, j'espère de la sollicitude et de la bienveillance de

'administration municipale, que le jour n'est pas
éloigné où on obtiendra ce bienfait.

L'Hôtel-Dieu, auquel a été réuni l'hospice de
la Charité, est administré par une supérieure et
quatre sœurs de la congrégation de saint Vincent
de Paule, de concert avec les notables de la
ville.

Il offre toujours, d'après les statuts de sa fondation, un asile aux vieillards sexagénaires et indigens des deux sexes nés à Coulommiers ou dans
les hameaux qui en dépendent. La plus ingénieuse
charité, les soins les plus touchans adoucissent
les maux et les infirmités que la misère et la
vieillesse traînent à leur suite. Une nourriture
saine et abondante, la propreté la plus recher-
chée prolongent et embellissent les jours de ceux
qui y viennent chercher un asile.

Les malades privés de ressources, soit passa-
gers, soit de Coulommiers, y sont reçus et soi-
gnés avec toute l'humanité dont sont douées les
sœurs attachées à cet établissement.

Une école gratuite propage l'instruction chez
les filles des indigens de la ville et des hameaux
voisins.

C'est aux vœux et aux demandes souvent réi-
térées des habitans et du conseil municipal, leur

organe, qu'elle est redevable de l'établissement
des réverbères, qui dans les nuits obscures de
l'hiver, les préservent des accidens. Elle leur doit
le pavage de la dernière moitié de la place du
Marché, place si régulière et si vaste, et qui fe-
rait un des plus beaux ornemens de la ville, si
dans son pourtour, et à douze pieds des maisons,
on plantait une rangée de tilleuls ou de marron-
niers. C'est également par ses soins que la ville a
acquis de madame Ménager soixante perches de
terre contigues au cimetière de la ville, et qui,
en doublant son étendue, font disparaître le
scandale de ces exhumations forcément renou-
velées, et objets de dégoût et de répugnance pour
tous les habitans; que les murs de clôture ont été
réparés et exhaussés, et qu'ils protégent maintenant la dépouille mortelle de nos parens, de nos
amis, de nos compatriotes, contre les profana-
tions d'une enfance irréfléchie. Déjà, depuis cette
acquisition, des demandes de terrain à perpétuité
ont été faites et concédées, des monumens funé-
raires élevés. Une plantation d'arbres a été faite
autour du cimetière, et l'embellissement de ce
séjour de deuil attachera encore plus fortement
l'homme vertueux au sol natal; c'est un pas de
plus fait dans le sentier de la morale. En parlant

de ce cimetière, voici la copie d'une épitaphe que l'on y lisait autrefois sur une pierre tumulaire, mais qui n'existe plus depuis long-temps :

Hic Jacet Ludovica d'Alençon
Rara inter uxores, rarior inter bonas,
Rara mulier fortis, qui scivit
Operare et tacere

et dont voici à peu près la traduction :

Ci-gît Louise d'Alençon,
Femme d'une rare force,
Épouse rare et la plus rare
Des bonnes femmes,
Qui a su travailler et se taire.

Sur un monument funéraire élevé récemment à une créole de Saint-Domingue, morte à 44 ans, on lit cette épitaphe, dont la pensée est ingénieuse :

Ici repose.... Non, de cet ange mortel,
Tu n'as que la dépouille, ô terre, il est au ciel!

Sur les décombres du vieux château ont été plantés des bosquets qui offrent aux promeneurs un asile contre les chaleurs des beaux jours. Le possesseur actuel, M. Ménager, en a permis l'entrée aux habitans de la ville. Il ne reste plus de ce magnifique château, dont on peut voir le plan chez M. Huvier, que les deux pavillons d'entrée. M. le comte de Varennes a lithographié celui qui est à gauche en entrant, ainsi que le magnifique lierre qui le couvre en partie. Quelques arabesques à moitié détruits, quelques fûts de colonnes, et une porte de sortie sur le parterre, sont les seuls débris qui attestent son existence, et auquel madame de La Fayette, dans son joli roman de *la Princesse de Clèves*, a rattaché de tristes et doux souvenirs; et plus d'un vieillard, en se promenant sur ces ruines éloquentes, a pu s'appliquer ces quatre vers de je ne sais plus quel poète :

> Toi que je vois ici, près de ces murs détruits,
> Dis-moi, qu'y cherches-tu, vieillard à cheveux gris?
> Y viens-tu méditer sur leur splendeur passée,
> Réfléchir tristement sur leur gloire éclipsée?

Les fossés qui entouraient le château sont encore en bon état, et le propriétaire les a empoissonnés. Le vaste parterre qui était derrière le château offrira dans quelques années de superbes allées de tilleuls, et un joli jardin anglais. Il n'y manque plus qu'un pavillon champêtre, bâti à la manière des chalets de la Suisse, et qui servirait de pied à terre, pour en faire un délicieux séjour dans la belle saison. Vue et perspective, eaux abondantes, bosquets touffus, ruines et souvenirs romantiques, tout concourt à en faire un séjour enchanteur; et là où la nature et le temps ont tout fait, il reste bien peu de chose à faire à l'art.

Près du château est le couvent des Capucins. L'église, le bâtiment, le parc et les jardins sont en bon état; il n'y a que la grotte qui est sous le maître-autel, et qui était destinée à la sépulture de la fondatrice du couvent, qui est dans un état de dégradation irréparable.

Ces bâtimens avec leurs dépendances, les eaux qui les entourent, seraient propres à établir une fabrique importante, et qui contribuerait à répandre l'aisance dans la ville.

Une route pavée, qui conduit de Coulommiers à la Ferté-sous-Jouarre, vient d'être achevée, et rend les communications avec cette ville beaucoup plus faciles qu'autrefois.

Une autre route, également pavée, conduit à Rosoy, Provins, Sens, Melun, et passe par le charmant village de Maupertuis, où le vandalisme intéressé de la bande noire n'a pu détruire

l'Elysée et le château des Côteaux, situé au milieu de ses ombrages, lieux si dignes d'être visités
par les amateurs de la belle nature.

D'ici à deux ans, la grande route de Paris à
Strasbourg passera par Coulommiers, et contri-
buera à rendre cette ville plus peuplée et plus
commerçante.

Le commerce actuel de Coulommiers consiste
en cuirs, dont la qualité est supérieure; de nom-
breuses tanneries sont établies sur la rivière du
Morin, qui traverse la ville. Le blé, ainsi que les
farines, sont encore une branche de son commerce, et n'en est pas la moins considérable. Les
vins que produit son territoire ne sont pas esti-
més; une partie se consomme dans la ville et les
environs, et l'autre est enlevée par les cabaretiers
des guinguettes des environs de Paris, et sert,
mélangé avec les vins du midi, à faire le vin de
Mâcon dont se régalent ceux qui les fréquentent.
Les fromages des fermes du Mée, de celle des
Aulnois et de plusieurs autres sont toujours re-
cherchés par les gourmets de la capitale, et n'ont
rien perdu de leur renommée; il s'en fait des en-
vois considérables tant à Paris qu'à l'étranger.
Dans l'énumération des produits de cette ville, je
me garderai bien d'oublier ces énormes melons,

lont la saveur a été appréciée de tout temps par
es gourmands de la cour et de la capitale ; on en
ı cueilli qui pesaıent cinquante livres.

Je ne dois pas non plus omettre de parler de
l'imprimerie de cette ville, qui jouit, depuis 1824,
d'une réputation justement méritée, tant pour la
beauté de ses impressions que pour les soins qu'elle
apporte à la correction. Parmi un grand nombre
d'ouvrages sortis de ses presses, nous nous con-
tenterons de citer les *Études littéraires et poéti-*
ques d'un Vieillard, par le comte de *Boissy-*
d'Anglas, pair de France, 6 vol. *in*-12; plus de
50 volumes de la *Bibliothèque chrétienne, morale*
et historique; le *Dictionnaire des Sciences ecclé-*
siastiques, 29 vol. *in*-8°; les *Lois d'instruction*
criminelle et pénales, ou *Appendice aux Codes*
criminels; par MM. *J. A. Garnier Dubourgneuf,*
docteur en droit, procureur du Roi, et *J. S. Cha-*
noine, substitut, à Coulommiers; 3 très-gros volumes *in*-8° de plus de 1,700 pages, en petits
caractères; les *OEuvres complètes de Massillon,*
16 volumes *in*-12. Mais ce qui s'y est fait de plus
remarquable sous le rapport typographique, c'est
un *Petit Carême* de Massillon, augmenté de beaucoup de notes inédites. Ce chef-d'œuvre, imprimé
in-8° et *in*-18, n'a pas un mot coupé, et la ré-

gularité de sa composition est si grande, qu'on ne
se douterait pas qu'il ait fallu surmonter une in-
finité de difficultés pour parvenir à exécuter une
chose qui n'avait jamais été faite, ni en France, ni
à l'étranger, parce qu'on la croyait impossible
pour un ouvrage du domaine public, où il fallait
non-seulement respecter le style, mais aussi l'orthographe et la ponctuation de l'auteur. C'est à
M. *Kleffer*, devenu, depuis 1823, l'associé de l'imprimeur de Coulommiers, que nous devons l'avantage d'avoir dans cette ville des presses capables de
soutenir la concurrence avec les plus renommées
de la capitale; lui seul a surveillé le confectionne-
ment des ouvrages ci-dessus cités, et s'est rendu
éditeur de plusieurs autres, qui ont eu beaucoup
de succès : il se charge de l'impression de tout
ce qui demande des soins.

Il y avait autrefois deux foires par an à Coulommiers; l'une le premier dimanche de mai, fête
de sainte Foi; elle se tenait rue du Moncel Sainte-
Foi, depuis l'église jusqu'à la rue de la Boucherie;
elle n'a plus lieu maintenant. La réunion des habitans des environs est aussi nombreuse ce jour-
là; mais elle n'a plus d'autre objet que le plaisir
ou la dévotion. La seconde a lieu le 10 octobre;
elle dure deux jours, et se tient hors la ville, dans

les prés dits *du Roi*. Cet emplacement est d'autant plus mal choisi, que cette foire ayant lieu dans une saison presque toujours pluvieuse, la place où elle se tient et les chemins qui y conduisent sont inabordables par le mauvais temps; inconvénient qui, en retenant les curieux chez eux, nuit aux intérêts des marchands forains, prive beaucoup d'habitans du spectacle diversifié qu'offre toujours une pareille réunion, tandis que les intérêts et les plaisirs de tout le monde pouvaient être conciliés, si elle avait été placée sur le vaste terrein du Marché, qui, étant pavé, offre en tout temps un lieu sec; on aurait laissé la foire aux bestiaux dans les prés. Mais la routine, cette entrave si puissante pour empêcher le mieux de remplacer le mal, s'oppose à ce qu'on préfère une place exempte des inconvé-niens que je viens de signaler, entourée d'auberges et de marchands, à un marais fangeux, où les promeneurs ont de la boue jusqu'à mi-jambe, et où, les jours de pluie, les marchands forains, dans l'intérêt desquels on prétexte avoir choisi cet emplacement, ne peuvent même déballer.

Peu de villes en France offrent des environs plus pittoresques et plus romantiques. Le bassin où est située la ville de Coulommiers est entouré presque de tous côtés de collines plantées en vignes et en ar-

bres fruitiers; entre ces côteaux serpente le Morin,
et sur ses bords sont bâtis de nombreux moulins à
farine et à tan ; de fertiles prairies , ombragées par
de nombreux saules et peupliers, s'étendent des
deux côtés de la rivière.

Enfin , sous le rapport des produits, du commerce, de la salubrité de l'air, de la longévité des
habitans, du charme des sites et des promenades,
des agrémens de la société, Coulommiers n'a rien
à envier aux autres villes du département, ce qui
justifie cet ancien dicton de nos ancêtres :

> Sans le sel et les naveaux,
> Coulommiers se passerait de Meaux.

Maintenant que la gabelle est supprimée, et que
les jardiniers cultivent les navets, ce dicton est
tombé en désuétude, et ne sert plus que pour mé-
moire.

Le lecteur a vu plus haut que Coulommiers
avait beaucoup souffert des troubles de la ligue ;
il était dans sa destinée d'être victime des dissen-
sions civiles. En 1793, un monstre nommé Mon-
flobert, né dans ses murs, a semé le deuil et l'é-
pouvante dans sa population. Sur sa dénonciation,
vingt-deux victimes des deux sexes, de tout âge

et de tout rang, ont péri sur l'échafaud. Une pareille catastrophe a laissé des souvenirs qui seront lents à s'effacer.

Trois cents ans avant, l'ignorance et la superstition avaient également conduit à l'échafaud, sur la place du Marché de Coulommiers, un infortuné dont tout le crime était d'être aliéné. La génération actuelle aurait peine à croire à tant de stupide barbarie, si je ne lui mettais sous les yeux les pièces du procès, adressées à l'auteur du livre de la *Démonomanie des Sorciers.* J'ai conservé dans la copie de cette pièce, monument irrécusable de la barbarie et de l'ignorance de ce siècle, le style gothique et l'orthographe du rédacteur, et je la livre au public telle que je l'ai copiée mot à mot dans ce livre, devenu rare. L'atrocité du jugement l'emporte sur le ridicule de l'accusation. Les faits à charge se sont passés, suivant le procès, à Coulommiers et dans ses environs, à Meaux, aux Courrois, à Chalendos, aux Grands Maisons, près le pont de Boulogne, et le dénoûment de ce drame, sur la place du Marché de Coulommiers.

L'infortuné monomaniaque avouait à ses juges ses visions comme des faits, leur criait merci, implorait leur miséricorde. Ils l'ont condamné à

3.

être pendu et brûlé, et le parlement de Paris a ratifié la sentence!.....

Ces temps où la superstition immolait tant de victimes sont loin de nous, et les progrès de la philosophie nous sont un sûr garant qu'ils ne reparaîtront plus. Le dix-neuvième siècle comprend et pratique la religion dans le sens de son divin fondateur, et il y aura toujours en France des Pyrénées pour l'inquisition et ses bûchers.

*

PROCÈS

ENVOYÉ

PAR M. NICOLAS QUATRESOLS,

LIEUTENANT DU BAILLY DE COULOMMIERS,

HOMME DE BIEN ET STUDIEUX DE LA JUSTICE,

A JEAN BODIN,

Auteur de la Démonomanie des Sorciers.

L'AN mil cinq cent quatre-vingt et deux, le mardi troisième juillet, heure de deux à trois heures après midi, pardevant nous, Nicolas Quatresols, lieutenant général, civil et criminel du baillage de Colomiers, est comparu deuant nous Abel de la Rue, ouurier de vieil cuir, demeurant au dict Colomiers, lequel, après serment par lui faict, auons interrogé comme il s'en suit.

Premièrement de son nom, surnom, aage, état, origine et demeurance.

Qui a dict qu'il se nomme Abel de la Rue, qu'il est aagé de vingt-deux ans, ou enuirons, ouurier de vieil cuir, natif et habitant de ceste ville de Colomiers, et que vulgairement on l'appelle *le Casseur*.

Sy dimanche dernier, il assista en l'église pa-
rochialle monsieur sainct Denis de Colomiers,
à la grande messe qui se dict le dict iour, et s'il
assista au mariage et espouzailles de Jean Moureau et de Phare Fleuriot sa femme.

A dict qu'il fut à la messe le dict iour en la
dicte église; mais qu'il ne veit marier le dict
Moureau avec la dicte Phare. Bien est vrai que
estant le dict Moureau et la dicte Phare soubz le
drap, il ouit prononcer assez haut par maître
Denis Mampin, prêtre, curé du dict Colomiers,
ces mots....... Ce qu'ayant oui et sortant quelque
temps après de la dicte église, il dict à quelques
personnes estant au carrefour de deuant la dicte
église, que le dict sieur curé auoit prononcé les
dicts mots......... bien haut, et que si on auoit
voulu nouer la dicte esguillette au dict Moureau
et sa femme, on l'auoit bien peu nouer la dicte
esguillette lors de la prononciation des dicts mots.

Interrogé s'il auroit pas noué l'esguillette au
dict Moureau et sa femme lors de leur mariage,
a dict que non.

S'il auroit pas confessé à quelques personnes
estant au dict carrefour que les dicts Moureau
et sa femme auoient l'esguillette nouée, a dict
que non; mais qu'il dict bien à plusieurs per-

sonnes que si on auoit eu affection de leur nouer l'esguillette, on l'auoit bien peu nouer lors de la prononciation des dicts mots.

Si lui estant demandé par les dictes personnes qui auoit noué la dicte esguillette, il s'en seroit pas fuy vers la rue du Chastel du dict Colomiers.

A dict que non, et qu'il s'en seroit venu en sa maison.

S'il cognoist le dict Moureau et sa femme, et s'il n'a pas eu noise auec le dict Moureau.

A dict qu'il le cognoist aucunement, confessant auoir eu noise auec iceluy Moureau pour un cheual qu'il faisoit ferrer deuant l'huis de l'hostel de Nicolas Jacob, mareschal, demeurant au dict Colomiers.

Si à l'occasion de la dicte noise et en vindicte d'icelle il a pas noué la dicte esguillette au dict Moureau et sa femme.

A dict que non.

S'il sçait point qui auroit noué la dicte esguillette.

A dict que non.

Et sur ce que lui auons remonstré qu'il ne nous disoit la vérité, et qu'il sçauoit bien qui auoit noué la dicte esguillette, et que ce auoit été lui.

A dict qu'il faut qu'il nous confesse la vérité, et qu'il a noué la dicte esguillette le iour du dimanche dernier au dict Moureau et sa femme, lorsqu'on prononça les dicts mots cy-dessus, et qu'elle fut nouée de deux nœuds doubles, et que la dicte esguillette n'étoit ferrée seulement que d'un costé, et qu'elle estoit de couleur violette ou bleuë, pareille à vne qu'il nous a exhibée, dont ses chausses sont attachées; et que ce qu'il en auroit fait, estoit pour se venger du dict Moureau, qui estant deuant l'huis du dict Jacob à faire ferrer son cheual, l'auroit voulu battre d'uné barre de fer, dont il se seroit lors garni; et si a dict qu'en nouant l'esguillette il frémit dans son corps, et qu'il sentit se poulser et inciter à ce faire par le diable, mesmes que ceux ausquels on noue l'esguillette quand ils sont soubz le drap, sont pasles et frémissent en eux-mesmes, le sçait pour y avoir pris garde.

S'il auroit pas noué l'esguillette à plusieurs autres personnes du dict Colomiers.

A dict et librement confessé qui l'auroit nouée à vn nommé Jean Houllier et à Marguerite Henri sa femme, par ce en partie que le dict Houllier l'auoit une fois battu reuenant de la messe de minuict, et Pierre Henri, fils de Pierre Henri, frère

de la dicte Marguerite, demeurant au dict Colomiers, une autre fois lorsqu'il reuenoit de
Meaux, auparauant le mariage du dict Houllier.
Et encore pour autres causes, confessant outre
l'auoir encore nouée à François de Beaufort,
marié depuis un mois, en ça parce que le dict de
Beaufort l'auoit battu quelque peu de temps auparauant en présence d'Antoinne Boullengier,
Philippes Groteau et autres; mais qu'il croyt que
pour cela le dict de Beaufort n'a délaissé d'auoir
la compagnie de sa femme, parce qu'il ne noua
la dicte esguillette que d'un nœud. D'autant que
le prestre prononça trop tôt les mots cy-dessus;
mais a dict n'auoir jamais noué l'esguillette à autres personnes qu'ausdicts Houllier, Beaufort et
Moureau, et que pour la nouer comme il appartient, il conuient de faire trois nœuds. Le premier lorsque le prestre et ministre prononce ces
mots. . . . . qui est quand on met les agneaux
aux doigts des mains de l'espoux et de l'espouse;
le second quand on donne. . . . . . . et qu'ils sont
espousees, et le troisième quand les dicts mariéz
sont soubs le drap, et que le prestre prononce
ces mots. . . . . . .

Interrogé qui lui auroit monstré à nouer l'esguillette.

A dict que ayant esté mis par sa mère, nouice
au couuent des cordeliers de Meaux huict ans
sont ou enuirons, parce qu'il auoit esté battu une
fois par un nommé Caillet, maistre des nouices,
d'autant qu'il auoit cueilly des pommes et des
noix à des pommiers et à des noyers qui sont dedans le cloz du dict couuent, il se fascha de telle
sorte qu'il commença à se despiter, disant qu'il
estoit bien mal-heureux de demeurer là-dedans,
et estant allé aux priués et chambres aysées du
dict couuent enuirons les cinq ou six heures du
soir, se seroit apparu à luy un chien en forme de
barbet noir, lequel luy dict qu'il n'eust peur, et
que jamais il n'auroit de mal, et qu'il se donnast
à lui, et que lors fut conduict par le dict chien
(qu'il estimoit être le diable) en une chambre du
dict couuent où logent les cordeliers passants
pays, qui demeurent malades au dict lieu, et laquelle chambre s'appelle la librairie, après que
le diable, sous la forme du dict chien, luy eust dict
qu'il print courage, et qu'il luy aideroit touiours,
seroit disparu de luy, et si nous a dict et confessé
que six semaines après et sept ans sont ou enuirons, au temps des vendanges, luy estant allé en
la sacristie du dict couuent, pour se pourmener
et estudier, suiuant le commandement que luy en

auoit faict le dict Cai llet, auroit veu un vieil liure
de parchemin qui estoit enchaisné de fer, et en-
uironné de quelques barreaux de fer, dedans lesquels barreaux ayant mis ses deux mains, auroit
ouuert le dict liure, et en iceluy lu quelques mots,
entre autres ceux qui s'ensuyvent. . . . . après
la lecture et prononciation de quel mot seroit
apparu à luy un iour de ieudy vn grand homme
blesme de visage et d'aspect effroyable, ayant
le corps et haleine puante, de moyenne stature,
vestu d'une longue robe noire à l'italienne, et
ayant deuant l'estomac et deuant les deux genoux
comme des visages d'homme, de pareille couleur
que celle du dict homme cy-dessus escrit, et quand
aux pieds, qu'il les auoit comme ceux de vaches,
lequel homme luy demanda que c'estoit qu'il faisoit au dict lieu, et qu'il l'auoit meu de regar-
der dedans le dict liure et de l'appeler. A quoi il
fist réponse qu'il y auroit esté et fait de luy-mesme,
et lors il luy dist qu'il n'eust aucune peur, qu'il
quistât son habit, et qu'il eust fiance à luy, et qui
luy donneroit ce qu'il demanderoit; et lors le
dict homme, qu'il ne peut cognoistre, l'ayant
pris soubs son bras, le transporta desoubs la justice du dict Meaux, ou estant, luy auroit dict en
voix tremblante et cassée, et ayant le visage pasle

comme un pendu, et l'háleine fort puante, qu'il
n'eust point peur, et qu'il eust bonne fiance en
luy, qu'il n'auroit jamais dizette, qu'il vouloit
estre son maistre, et qu'il s'appeloit maistre Rigoux.

A quoi luy parlant fist responce qu'il feroit ce
qu'il luy commanderoit, et qu'il auoit grande
affection de s'en aller d'auec les cordeliers; et
lors seroit disparu, et enuiron le sept à huict
heures du soir le seroit reuenu quérir, et le pre-
nant par le fort du corps, l'auroit raporté au
dict lieu de la sacristie, luy disant qu'il le reuien-
droit quérir le jour suyuant, qui estoit un iour
de vendredi, et estant aussi de retour, seroit ar-
riué vers luy M. Pierre Berson, docteur en théo-
logie et prédicateur du Roi, le dict M. Caillet,
maistre des nouices et autres, lesquels auroient
repris aigrement luy de la Rue de ce qu'il auroit
leu dans le dict liure appelé *Grimoire,* le menas-
sant de le fouetter, et à l'instant le dict maistre
des nouices dict que l'on auoit leu dans le dict
liure appelé *Grimoire,* en l'estant allé chercher,
et que le diable s'estoit apparu, et qu'on luy auoit
donné quelque chose afin qu'il rapporstât luy de
la Rue; et lors s'assemblèrent tous les religieux
du dict couuent, qui chantèrent à l'église à l'en-

tour de luy un salue, afin qu'il ne fust vaincu
par la tentation du diable, mesmes ordonnèrent
et firent coucher la nuict deux nouices avec luy
parlant, et que le lendemain matin luy descen-
dant de sa chambre, qui estoit au dortoir, pour
aller à l'église, seroit apparu à luy le dict homme
nommé maistre Rigoux, en pareille forme qu'il
s'estoit apparu et monstré le iour précédent, tousiours puant, pasle et espouuantable de face, habillé en la forme que dessus, lequel luy auroit dict
qu'il quittast le dict habit et qu'il s'en allast du
dict couuent, et qu'il l'attendroit ce dict iour
ioignant un grand arbre qui est près de Vaulx
Courtois, en un grand chemin venant de Meaux
au dict Vaulx Courtois, et quelque peu de temps
après ayant esté prendre ses habits communs dans
la chambre du dict Caillet, qu'il auoit laissez
quand il fut nouice du dict couuent, il remit ceux
qu'il souloit porter comme nouice et cordelier en
sa chambre, et descendit par une petite viz dans
une estable où on mect les cheuaux et asnes du
dict couuent, où il y a une porte pour saillir à
à aller abreuuer les cheuaux, et laquelle il ouurit,
et alla par dedans la ville de Meaux, tirant son
chemin au dict Vaulx Courtois, et auroit trouué
le dict maistre Rigoux près le dict arbre, où es-

tant, le conduit et mena au dict Vaulx Courtois,
distant du dict Meaux de deux lieues, et de trois
lieues de ceste ville de Colomiers, et fust conduit, luy déposant, en la maison d'un nommé
maistre Pierre, berger du dict Vaulx Courtois,
demeurant près l'église du dict lieu, et est mémoratif que le dict maistre Rigoux, en le condui-
sant chez le dict maistre Pierre, luy dict qu'il eust
fiance en luy, et qu'il n'eust point de peur, et qu'il
luy bailleroit ce qu'il luy demanderoit.

A quoy il fit responce que ouy, et à l'instant
le dict maistre Rigoux parla au dict maistre Pierre
en vn coing de sa maison, et en la présence d'une
nommée Catherinne, femme du dict maistre
Pierre, mais ne sçait quels propos il luy tint, et
luy ayant esté commandé par le dict maistre
Pierre d'aller iusques en une estable, près du dict
logis de laquelle estant de retour, n'auroit plus
veu le dict maistre Rigoux. Et lors le dict maistre Pierre et sa femme luy firent fort bonne chère,
luy disant que pour l'amour du dict maistre Rigoux, ils le traiteroient bien, et qu'il falloit qu'il
obeyt au dict maistre Rigoux, ce que luy respondant promist faire; et enuirons deux mois après
le dict maistre Pierre, qui le menoit ordinaire-
ment aux champs garder le bestial du dict Vaulx

Courtois, lui dit par les champs qu'il estoit d'aller
à l'assemblée, parce qu'il n'auoit plus de poudres,
et que luy parlant fit responce qu'il en estoit con-
tent, et trois iours après, enuiron le temps des
aduents du nouel en l'an mil cinq cent septante
et cinq, le dict maistre Pierre ayant enuoyé coucher sa femme en autre lieu qu'en sa maison, auroit dict à luy parlant, enuirons les sept heures
du soir, qu'il se couschast et qu'il ne dormist
guerre, et qu'il falloit qu'ils allassent à l'assemblée, et lors se seroient couchez ensemblement;
après que le dict maistre Pierre eust mis vn ballay
de genestres long et sans manche séparé au coing
du feu, et enuirons les vnze heures du soir, le dict
maistre Pierre, son maistre, et luy, ouyrent un
grand bruit, comme si vn grand et impétueux
vent et tonnerre eussent été dans la cheminée du
dict logis; quoy oyant le dict maistre Pierre luy
dict qu'il conuenoit partir, et qu'il se habillast;
ce que luy parlant fist, et ce faict, veist que le dict
maistre Pierre son maistre print de la gresse dedans une petite boîte qu'il auoit en vn coffre, de
laquelle il frotta soubs les aysselles et la paume
de la main de luy parlant, qu'il sentit incontinent estre embraisé de chaleur, et est records que
la dicte gresse puoit comme eust faict un chat

mort de trois semaines ou vn mois. Et lors son
maistre et luy s'estant mis soubs la cheminée,
dessus le dict ballay ou ramon, le dict maistre
Rigoux parla tant à son dict maistre que à luy,
et leurs dit qu'il falloyt partir; et à l'instant le
dict maistre Rigoux print le gros bout du manche
du dict ballay, et l'auroit tiré à mont la cheminée, et luy parlant, ayant embrassé son maistre
par le fort du corps, se seroit senty enleuer comme
si le vent l'eust porté; et estant au-dessus de la
cheminée, le dict maistre Pierre luy auroit dict
qu'il n'eust peur, qu'il se tint à luy, et parce que
la nuict estoit obscure, et que luy qui parle ne
voyoit aucune clairté, si non son dict maistre veit
subitement comme vn flambeau de feu deuant
eux leur esclairant, et n'y estoit le dict maistre
Rigoux, s'il n'estoit transformé au dict flambeau;
et est mémoratif qu'il veit en passant la ville et
abbaye de Rebets de demie lieue ou environs, et
du dict Vaulx Courtois, de cinq lieues plus ou
moins, en un lieu herbu et plain de fuschères;
il veit grande compagnie d'hommes en nombre
soixante ou enuirons, aucuns vieux, les autres
ieunes, et de toutes sortes d'aages, les vns estant
de Sens, Dampmartin et autres lieux, mais a dict
qu'il ne les cognoist et ne sçait leurs noms, si non

qu'il recognut bien vn nommé Pierre, natif du
dict Dampmartin, qu'il auoit veu travailler au
dict Meaux, du mestier de cardeur et pigneur de
laines, et fust luy déposant esmerueillé de ce que
le dict maistre Pierre son maistre luy parlant; et
tous ceux qui estoyent à la dicte assemblée, en y
comprenant une vieille femme qu'il a entendu
dire auoir esté exécutée à Lagny pour sorcellerie
depuis cinq ans, en ça estoyent habillez de toille,
exceptez le dict maistre Rigoux, qui estoit habillé
comme il estoit et auoit esté au précédent, com-
bien qu'ils ne eussent changez d'habits, et lors il
veit que chacun nettoya avec son ballay ou ramon la place de deuant soy, après que le plus vieil
de la compagnie, qui estoit aagé de quatre-vingts
ans, ayant la barbe blanche et quasi tout chenu,
l'eust aussi commandé, et que le dict maistre
Pierre son maistre ayant nettoyé et baillie, sa
place, luy qui parle fit le semblable à la sienne,
et lors le dict maistre Rigoux se transforma en
grand bouc noir et puant, lequel commença à
gronder et tourner au milieu de l'assemblée et
compagnie là estant, laquelle se seroit prise à
danser à reuers, visages dehors et le cul tourné
vers le dict bouc, qui estoit au milieu de la dicte
danse. Et interrogé si l'on chantoit point, a dict

4

que non ; mais qu'il n'y auoit que le dict bouc qui
tournoit au milieu de la dicte danse , grondant et
naugissant. Et ayant dansé enuirons deux quarts
d'heures, se seroient tous mis à genoux ; et luy
auroit, le dict maistre Pierre, son maistre, dict
qu'il conuenoit d'adorer le dict bouc, et que c'estoit le diable, et celuy auquel il auoit promis de
porter honneur et réuérence; et ce faict et dict,
veit que le dict bouc courba ses deux pieds de
deuant, et leua son cul en haut, et lorsque cer-
taines menues graines grosses comme testes d'es-
pingles, qui se conuertissoient en poudres fort
puantes sentant le soulphre et poudre à canon, et
chairs puante meslées ensemble, seroient tombées
sur plusieurs drapeaux en sept doubles qui auoient
esté mis aux places ballayées et nettoyées par cha-
cune personne de la dicte compagnie, et que le
plus vieil de la dicte assemblée auroit commencé
à marcher à genoux du lieu où il estoit, et se seroit incliné vers le diable, et iceluy baisé en la
partie honteuse de son corps, et ce faict, que le dict
vieil homme recueillit son drapeau, auquel y
auoit des dictes graines et poudres dedans, et s'en
retourna en sa place non à genoux, mais en mar-
chant sur ses pieds; et quant à son maistre, qui
alla adorer le dict bouc le second, et aussi après

luy allèrent les autres successivement selon leur
aage; et quant à luy parlant y alla et adora le
dernier, et ne recueillit aucun drapeau, parce
que son dict maistre en auroit recueilly pour eux
deux.

Et que lorsque le dict bouc luy demanda ce
qu'il uouloit de luy, à quoy il luy dict qu'il ne
uouloit rien sçauoir que nouer l'esguillette à ceux
qui luy auoient faict ou feroyent du mal. Ce
que le diable en forme de bouc luy accorda, luy
disant que son maistre luy monstreroit bien
comme il la falloit nouer; et ce faict, le dict
maistre Pierre son maistre luy dict que s'il auoit
quelques rancunes contre quelques personnes,
qu'il s'en vengeast par le moyen des dictes graines
et poudres; et lors le dict bouc seroit disparu,
et lui dict son dict maistre qu'il eust tousiours
fiance en celuy qu'il auoit veu, et qu'il luy assis-
teroit. Et ayant le dict ramon entre leurs jambes,
seroient reuenus en leur maison esclairez du dict
flambeau qu'il sauoit estre le dict maistre Rigoux, parce que le dict maistre Pierre parloit à
luy, et luy disoit qu'il fit des dictes poudres
comme il auoit accoustumé de faire, et qu'il se
vengeast de ses ennemis; et les auroit le dict
maistre Rigoux ramenez en leur logis par la dicte

4.

cheminée, leur commandant, estant au dict hostel, de faire comme ils luy auoient promis, et
s'estant le dict maistre Rigoux disparu, se seroient recouchez, après que son maistre eust mis
les dictes poudres dans une boiste qu'il serra dedans vn coffre de son hostel, de laquelle il s'ay-
doit par fois pour mal faire à ceux qu'il vouloit,
et a dict que, en l'an cinq cent soixante et seize,
en apuril, le dict maistre Pierre luy dict que s'il
voyoit qu'il y eust quelques brebis qui allassent
près son troupeau pour manger l'herbe qu'il deuoit pasturer, qu'il laschast son chien, et qu'il
verroit ce qu'il sçauoit faire; et ayant luy parlant
affection de lascher le dict chien sur quelques
brebis, les a amenées, et ne l'ayant lasché, auroient esté estranglées enuiron treize brebis; de
quoy il auroit esté esmerueillé, veu que il n'auoit
lasché le dict chien, ce qu'il auroit raconté au
dict maistre Pierre, lequel luy dict que c'estoit
tout vn, et qu'il n'en falloit pas parler.

Et ayant luy parlant demandé au dict maistre
Pierre son maistre comment on nouoit l'esguillette, le dict maistre Pierre lui monstra comme
elle se deuoit nouer, le tout suiuant les supersti-
tieuses cérémonies et formes par luy déclarées et
confessées cy-dessus, et si a dict que la veille de la

saint Jean-Baptiste, en suiuant le dict maistre
Pierre et luy allèrent à l'assemblée qui se fit entre
Chaucoin et Dampmartin, en quelle distant du
dict Vaulx Courtois enuirons cinq lieues, où ils
auroient esté transportez sur un ramon de ge-
nestre à l'ayde du dict maistre Rigoux, à l'heure
de vnze heures du soir, en la forme et manière
que cy-dessus spécifiée, et qu'ils auroient esté transportez en celle qui se fit près du dict Challendost,
en vn lieu herbu plain de fuschères, tous habillez
de toille, sans qu'il y veit aucune femme; et
quelques temps après, depuis comme enuiron vn
mois après la saint Jean, luy parlant vint demeurer en ceste ville de Colomiers, et délaissa le dict
maistre Pierre.

S'il auroit pas veu le dict maistre Pierre et sa
femme depuis le dict temps?

A dict que non et qu'ils seroyent décédez de la
maladie contagieuse depuis deux ans en ça, aussi
qu'il a entendu passant près le dict Vaulx-Cour-
rois.

S'il auroit point parlé au dict maistre Pierre
depuis le dict temps?

A dict que ouï et qu'vn an enuiron ayant la
maladie contagieuse cours en ceste ville et parce
que lui respondant auoit mal à la teste, ses voisins

lui faisoient accroire qu'il auoit la dicte maladie, et le vouloient battre, se fascha contre eux et
san alla au lieu destiné pour les pestiferez appelé
les Grands-Maisons. Et estant près d'un pont qui
est sur le chemin, fust rencontré par le dict maistre Pierre Rigoux, lequel le persuada de se noyer
dedans la dicte riuière, lui disant que il seroit
hors de toutes ces fascheries et qu'il seroit bien
heureux, et lequel maistre Rigoux auoit lors la
forme d'vne femme qui gardoit les pestiferez en
ceste dicte ville, nommée Marguerite. A quoi luy
parlant, ne voulut obeyr toutes fois, se sentoit
pressé de se ietter dedans la dicte riuière ce qu'il
eust faict n'eust esté quelques pescheurs peschants
sur icelle, qui furent causes qui ne se noya parce que
le dict maistre Rigoux le pressoit sans cesse par
derrière le doz, tellement que s'estant couché par
terre, il le fit rouller de sept à huict pieds près
de la dicte riuière et estant près le lieu désigné
pour les dicts pestiferez nommé les Grands-Maisons en vn lieu creux, le dict maistre Rigoux le
contraignit d'auoir sa compagnie charnelle, mais
a dict qu'il puoit fort, comme si sc'eust esté du
soulphre et charogne meslée ensemble, et que son
corps estoit fort pasle et aussi froid comme mar-
bre, et si a dict que le dict maistre Rigoux auoit

touiours les pieds comme ceux d'une vache et qu'il auoit la forme et face de la dicte Marguerite, l'une des dictes gardes, et ce faict se seroit retiré au lieu des Grands-Maisons, où le dict maistre Rigoux n'étoit veu ni cognu d'aucunes personnes que par lui, parce que aucunes des dictes gardes ne lui dysoyent qu'ils veissent aucunes personnes d'avantage, a dit que quand il fut reguary du dict mal de teste, il alla en pellerinage avec la dicte Marguerite, à Sainct-Loup près Prouins, et qu'estant près des estangs de Maillard, distant du dict Colomiers de deux lieues ou enuiron, le dict maistre Rigoux lui dict qu'il se deuoit tuer pour éuiter à tant d'ennuits et fascheries qu'il auoit, tellement qu'il fut réduit en un tel désespoir et extrémité, qu'il ne saict comme il ne se tua point lors, et parce que la dicte Marguerite estant présente, elle luy demanda à qui il parloit, à quoy il respondit qu'il parloit à une femme qu'elle ne pouuoit voir, et se souuient fort bien que le dict maistre Rigoux auoit touiours les pieds comme ceux d'une vache, et se seroit tout incontinent le dict maistre Rigoux disparu et auroit parfaict lui parlant auec la dicte Marguerite le dict pellerinage et si a dict qu'il n'auroit plus veu le dict maistre Rigoux depuis le dict temps.

Remonstré, s'il sçait pas qu'il ne faut être ido-
lastre et n'adorer autre que Jésus-Christ en trois
personnes, et s'il sçait pas qu'il est maistre rédemp-
teur seul qui deffend d'adorer autre que luy?

A dict qu'ouy.

Pourquoi donc il a délaissé Dieu et adoré vne
créature voire le diable contraire à la volonté de
Dieu?

A dict qu'il estoit mal auisé et ne sçauoit ce
qu'il faisoit en délaissant Dieu et faisant la volonté du diable.

S'il sçait pas qu'il est deffendu par les comman-
dements de Dieu et d'église, mesmes par les con-
ciles et ordonnances royaux ; bref, par tout droit
diuin et humain d'adhérer à Sathan, luy prester
consentement et faire des sortiléges ; hanter et
communiquer auec sorciers ou assister aux assemblées qu'ils font, soit de iour ou de nuict?

A dict en pleurant que ouy et qu'il s'en repent
et crie merci à Dieu et au roi, à monseigneur et
à justice, nous suppliant de luy faire miséricorde,
nous disant que iamais il ne prestera consente-
-ment au diable, mais rendra à Dieu seul honneur
et adoration qui luy appartient, affermant ce présent sien interrogatoire à luy releu mot après autres et par deux diuerses fois contenir vérité et a

le dict de la Rue, signé de sa main le dict interrogatoire.

Ce faict auons enuoyé le dict de la Rue, prisonnier es prisons du dict Colomiers, et iceluy
baillé en garde a Denis Langlois, geollier des
dictes prisons, le dict au mois et iour que dessus.

Et le ieudy, cinquiesme iuillet mil cinq cent
octante et deux sur la requeste faicte par le procureur de monseigneur, disons que les tesmoins
ouys et dictes informations seront recollez et con-
frontez au dict de la Rue prisonnier.

Et le dict iour de ieudi enuirons les sept heures
du matin, nous iuge susnommés sommes exprès
transportés, accompagné de nostre greffier, auons
faict distraire le dict de la Rue des prisons et
après serment par luy faict, interrogé si luy et
son maistre se frottèrent pas de gresse au retour
de l'assemblée, a dict que non ; mais que ils mei-
rent seulement le dict ramon qu'ils auoyent portez entre leurs iambes, et que incontinent après,
ils se sentirent enleués en l'air, affermant ce présent interrogatoire à luy releu mot après autres,
par trois diuerses fois contenir vérité et a le dict
de la Rue, signé de sa main le dict interrogatoire.

Et le vendredi en suiuant, auroit encore per-
sisté en son dict interrogatoire, nous disant en

pleurant et souspirant qu'il se repentoit d'auoir faict tant de meschanceté et qu'il prioit Dieu qu'il ne retournast en tel inconuenient depuis les recollemens et confrontations faictes, et les conclusions du procureur fiscal prises, le dict de la Rue auroit esté condamné d'estre bruslé tout vif, dont il auroit appelé en parlement du quel s'ensuit l'arrest donné vu par la cour, le procez criminel faict par le bailly de Colomiers ou son lieutenant et requeste du procureur fiscal dit à l'encontre d'Abel de la Rue dit *le Casseur* ouurier de vieil cuir, prisonnier es prisons de la conciergerie du palais, appelant de la sentence contre luy donnée, par la quelle, pour auoir, par le dict de la Rue, noué l'esguillette à quelques personnes, lors de la réception du sacrement de mariage et que l'on célébroit le seruice diuin en l'église du dict lieu et presté consentement au diable, communiqué plusieurs fois auec luy, assisté aux assemblées nocturnes et illicites, adoré le diable, et impieusement renoncé à Dieu, et pour autres crimes mentionnez au dict procez, pour réparation desquels, le dict de la Rue auroit été condamné estre bruslé vif au Marché de la ville de Colomiers, son corps réduit en cendres, déclaré ses biens acquis et confisquez à qui il appartiendra, ouy et interrogé par la dicte

court le dict prisonnier sur sa dicte cause d'appel
et cas à luy imposez et tout considérez, dict a esté
que la dicte court et mis et mect la dicte appella-
tion et sentence dont est appellé à néant, sans
amende, et néanmoins, pour raison du cas à plain
mentionné au dict procez, a condamné et condamne
le dict de la Rue à estre pendu et estranglé à une
potence qui, pour cet effect, sera mise et dressée
en la place du Marché de Colomiers, son corps
mort sera réduit et consommé en cendres, a déclaré
et déclare tous ses biens acquis et confisquez à qui
il appartiendra, et pour faire mettre ce présent
arrest à exécution selon sa forme et teneur, la
dicte cour à renuoyé et renuoye le dict prisonnier par deuant le dict bailly ou son dict lieutenant. Faict en parlement le vingtième iour de
iuillet, l'an mil cinq cent quatre-vingt-deux,
ainsi signé Boucher, rapporteur, M. Fouquet,
président, M. Brisson.

Et le dict iour, le lundy vingt-troisième iour
de iuillet au dict an mil cinq cent quatre-vingt
et deux après midy et lors de l'exécution du dict
arrest sur le dict de la Rue, a le dict de la Rue sur
l'eschelle, dict que.......... Lui a mis du sel dedans son vin au logis de...... Le iour qu'il fut mis
prisonnier, a dict que le dict........ Ne lui auroit

faict nouer l'esguillette au dict Houllier, et ce
faict, a été exécuté par le maistre des hautes œu-
vres de la ville et siége présidial de Meaux au Marché du dict Colomiers selon le dict arrest.

✳

SEIGNEURS ET DAMES

DE COULOMMIERS,

A COMMENCER

DEPUIS LES COMTES DE CHAMPAGNE

JUSQU'EN 1791.

✻

1. Herbert Ier, comte de Vermandois, premier
comte de Champagne et de Brie, ou, pour
mieux dire, de Troyes et de Meaux, dont il
s'empara, tint depuis l'an 922 jusqu'en 943.
2. Robert, troisième fils du précédent, comte de
Troyes et de Meaux, tint depuis l'an 943 jusqu'en 963, ou selon d'autres 968.
3. Herbert, II du nom, frère aîné du précédent
et son successeur aux comtés de Troyes et de
Meaux, tint jusqu'au 28 décembre 993, ou selon d'autres 997 ou 998.
4. Étienne, Ier du nom, nommé aussi Henri, fils
d'Herbert II, lui succéda aux comtés de Troyes

et de Meaux, et mourut sans lignée vers l'an 1019.

5. Eudes ou Odon, Ier du nom, surnommé *le Champenois*, cousin issu de germain d'Étienne Ier, s'empara des comtés de Troyes et de Meaux, et fut le premier qui s'intitula comte de Champagne et de Brie, qu'il tint jusqu'en l'an 1035 ou 1037.

6. Étienne, II du nom, dit aussi Henri, second fils d'Eudes Ier, lui succéda aux comtés de Champagne et de Brie ; c'est le premier qui ait ajouté à ses titres celui de palatin ; il les tint jusqu'en 1038 selon les uns, et selon d'autres 1042.

7. Thibaut Ier, 1082.

8. Étienne, nommé aussi Henri, 1102.

9. Hugues, Hué ou Huon.

10. Thibaut II, dit *le Grand* ou *le Vieil*, 1151.

11. Henri Ier, fils du précédent, 1180.

12. Henri II, surnommé *le Jeune*, 1197.

13. Thibaut III, frère du précédent, 1202.

14. Thibaut IV, dit *le Posthume*, *le Grand*, *le Chansonnier*, 1254.

15. Thibaut V, dit *le Jeune*, 1270.

16. Henri III, dit *le Gras*, dit *le Gros*, 1274.

17. Edmont ou Aymon d'Angleterre, 1288.

18. Blanche d'Artois, 1302.

19. Jeanne, reine de Navarre, 1304.

20. Philippe-le-Bel, roi de France et de Navarre, 1314.

21. Louis, dit *Hutin*, 1316.

22. Charles-le-Bel, depuis roi de France, 1328.

23. Jeanne d'Évreux, reine de France, 1370, morte le.....

24. Blanche de France, 1393, morte le.....

25. Philippe de France, duc d'Orléans, mort en 1375, et réunion au domaine en 1375.

26. Venceslas, duc de Luxembourg, obtient du roi Jean son beau-frère, la seigneurie de Coulommiers. Mort en 1383.

27. Marie de France, duchesse de Bar, l'obtient à vie. Morte en 1404. Seconde réunion au domaine en 1403 jusqu'en 1404.

28. Charles, dit *le Noble*, roi de Navarre, de la branche d'Évreux, obtient la seigneurie de Coulommiers en échange de ses droits sur les comtés de Champagne et de Brie.

29. Pierre de Navarre ou d'Évreux, mort en 1412.

30. Louis, duc de Bavière, et Charles III, roi de Navarre, seigneurs pour moitié dudit Coulommiers.

31. Catherine d'Alençon, comtesse de Mortain, dame douairière de la moitié de Coulommiers avec le roi de Navarre. Quatrième réunion au domaine en 1426, par saisie sur eux.

32. Jean de Castille, roi d'Arragon, du chef de sa femme, Blanche d'Évreux, se porta pour seigneur de Coulommiers en qualité de duc de Nemours, après la mort de son beau-père; mais il n'a jamais joui paisiblement de ce duché. Cinquième réunion au domaine en 1429, par saisie faite sur le roi de Navarre à la duchesse de Bavière.

33. Denis de Chailly, chevalier seigneur de Montanglaust et de la Mothe de Naugis, chambellan du roi et bailly de Meaux et Coulommiers, fut pendant quelque temps seigneur usufruitier de Coulommiers, ou engagiste de cette dernière ville. Catherine d'Arragon obtint main-levée de la moitié de Coulommiers en 1436, et en jouit jusqu'à sa mort en 1462. Bernard VIII, comte d'Armagnac, eut des prétentions sur la seigneurie de Coulommiers; elle lui fut adjugée en 1446, et confirmée en 1462.

34. Jacques d'Armagnac, duc de Nemours, fut seigneur de Coulommiers en 1462. Sixième réunion au domaine en 1476, par saisie et con-

fiscation sur ledit Jacques d'Armagnac, exé-
cutées aux halles à Paris, le 4 août 1477.

35. Jean d'Avandano, ou plutôt d'Avandari, es-
pagnol de la province de Guipuscoa, fut seigneur de Coulommiers par le don que lui en
fit Louis XI en 1477, aussitôt l'exécution de
Jacques d'Armagnac. Septième réunion de la
ville de Coulommiers au domaine en 1483.

36. Jean d'Armagnac, duc de Nemours, en fut
mis en possession en 1484 jusqu'à sa mort, en
1500.

37. Marie d'Orléans-Longueville est dite dame
de Coulommiers en 1498.

38. Louis d'Armagnac, duc de Nemours, prenait le titre de seigneur de Coulommiers. Mort
en 1503. Huitième réunion au domaine après
sa mort.

39. Gaston de Foix, neveu du roi Louis XII,
entra en jouissance de Coulommiers en 1508.

40. James de Foix, infant de Navarre, prend le
titre de seigneur de Coulommiers en 1507 et
1508. Mort en 1510. Après sa mort, Gaston
de Foix rentra en jouissance de la seigneurie
de Coulommiers. Tué à la bataille de Ravennes
en 1512.

41. Germaine de Foix, sœur de Gaston de Foix,

5

reine d'Aragon et de Navarre, fut mise en possession de Coulommiers en 1513 ; elle fut souvent troublée dans la possession de cette ville, et en était totalement dépouillée les dernières années de sa vie.

42. Guillaume de Croy, duc de Sorin, est dit seigneur de Coulommiers en 1518 jusqu'en 1522. Dixième réunion.

Amé de Sarrebruch, III du nom, se prétend, près de mourir, seigneur de Coulommiers. Après sa mort, Coulommiers tombe dans le lot de Catherine de Sarrebruch, épouse d'Antoine de Roye. Leur nom ne se trouvant dans aucun acte, on peut douter qu'ils aient été seigneurs dudit Coulommiers,

43. Thomas de Foix, seigneur de Lescun, fut commis par François Ier pour régir la seigneurie de Coulommiers en 1521. Mort en 1525.

44. Odet de Foix, maréchal de Lautrec, prenait en 1525 le titre de seigneur de Coulommiers. Mort en 1528.

45. Gaston et Henri de Foix, fils mineurs du maréchal de Lautrec, sont dits seigneurs de Coulommiers en 1530. L'aîné mourut en 1532.

46. Henri de Foix, frère de Gaston, se dit seul seigneur de Coulommiers. Mort en 1540.

47. Guy, comte de Laval et de Châteaubriant, fut seigneur de Coulommiers; il n'en avait que la nue propriété, Menault de Marthory en ayant l'usufruit. Mort en 1547.

48. Menault de Marthory, évêque de Consérans, seigneur usufruitier de Coulommiers, jouit de ce titre jusqu'en 1548, époque de sa mort dans le château de cette ville.

49. Charles de Luxembourg, seigneur de Marrigues, se porta pour seigneur de Coulommiers en 1548. Jean de Bretagne, duc d'Étampes, se porta pour seigneur de Coulommiers, à cause de l'acquisition qu'il prétendait en avoir fait de Claude de Foix, femme de Charles de Luxembourg; mais on soupçonna la vente frauduleuse, faute d'acte intitulé en son nom.

50. Marie d'Albret, duchesse de Nivernois, se porta en 1549 pour dame de Coulommiers, après sa nièce Claude de Foix. Elle épousa en 1505 Charles de Clèves, dont elle eut un fils, François de Clèves, qui lui succéda dans cette seigneurie. Morte en 1549.

51. François de Clèves, son fils unique, duc de Nivernois, se porta pour seigneur de Coulommiers en 1549. Mort en 1562.

52. François de Clèves, second du nom, duc de

Nivernois, lui succéda dans la seigneurie de Coulommiers. Tué à la bataille de Dreux en 1563.

53. Henri de Clèves, duc de Nivernois, second fils de François de Clèves, deuxième du nom, et de Marguerite de Bourbon, recueillit la succession de son frère aîné, et fut après lui seigneur de Coulommiers. Il mourut en 1563.

54. Jacques de Clèves, duc de Nivernois, succéda à ses deux frères dans la seigneurie de Coulommiers. Mort sans enfans en 1564.

55. Henriette-Catherine et Marie de Clèves, sœurs des trois princes précédens, sont dites dames par *indivis* de Coulommiers. En 1564, Henriette, l'aînée, épousa Louis de Gonzague. Onzième réunion au domaine, par saisie féodale sur les deux princesses ci-dessus.

56. Louis de Gonzague et de Clèves, duc de Nivernois, est dit seigneur de Coulommiers en 1564, conjointement avec Henriette de Clèves, son épouse. Ils marièrent Catherine de Gonzague, leur fille, avec Henri d'Orléans, premier du nom, duc de Longueville. Louis mourut en 1595. Douzième réunion au domaine, par saisie féodale du même roi Charles IX sur Henriette de Clèves et Louis de Gonzague.

57. Catherine de Gonzague, comtesse d'Eu, princesse de Porcien, seconde fille de François de Clèves, premier du nom, et de Marguerite de Bourbon, obtint en 1571 de Charles IX et de la reine régente, Catherine de Médicis, la seigneurie de Coulommiers pendant la saisie féodale sur le duc de Nevers son beau-frère; elle n'en jouit qu'une demi-année; Louis de Gonzague, duc de Nivernois, et Henriette de Clèves rentrèrent en jouissance de Coulommiers en 1571. Ils ne furent seigneurs de cette ville que jusqu'au commencement de 1588, que, mariant Catherine, leur fille aînée, au duc de Longueville, ils lui donnèrent cette seigneurie en mariage.

58. Henri d'Orléans, premier du nom, duc de Longueville, fut seigneur de Coulommiers par son mariage avec Catherine de Gonzague, fille aînée de Louis de Gonzague et d'Henriette de Clèves, qu'il épousa en 1588. Il ne laissa qu'un fils unique, et mourut en 1595.

59. Catherine de Gonzague et de Clèves, veuve du duc de Longueville, Henri Ier, fut dame de Coulommiers pendant la minorité de Henri II, duc de Longueville, son fils. Ce fut elle qui fit bâtir le magnifique château neuf de cette ville,

en 1613, et qui fut démoli en 1736 par les or-
dres de M. le duc de Chevreuse. Elle mourut
en 1629.

60. Henri d'Orléans, second du nom, duc de
Longueville, fut seigneur de Coulommiers sous
la tutelle de sa mère, et n'en prit le titre qu'a-
près sa mort. Il mourut en 1663.

61. Anne-Geneviève de Bourbon Condé fut dame
de Coulommiers après la mort de son mari,
comme tutrice de ses enfans. Elle mourut en
1679.

62. Charles-Pâris d'Orléans fut seigneur de Coulommiers sous la tutelle de sa mère, Anne-Geneviève de Bourbon, et au moyen de la cession
de Jean-Louis d'Orléans, son frère aîné. Tué
au passage du Rhin en 1672.

63. Jean-Louis-Charles d'Orléans, duc de Longueville, connu sous le nom d'abbé de Longueville, frère aîné du précédent, fut seigneur
de Coulommiers après la mort de son frère. Il
mourut en 1694.

64. Marie d'Orléans, duchesse douairière de Nemours, fille d'Henri II, duc de Longueville,
succéda à tous les biens des ducs de Longueville, et fut dame de Coulommiers. Elle mourut en 1707.

65. Angélique Cunégonde de Montmorency fut dame de Coulommiers en qualité de tutrice de ses deux filles, Louise-Jacqueline de Bourbon, et Marie-Anne-Charlotte de Bourbon.

66. Louise-Léontine-Jacqueline de Bourbon, et Marie-Anne-Charlotte de Bourbon furent dames de Coulommiers après la mort de madame de Nemours, en 1707, sous la tutelle de leur mère, Angélique Cunégonde de Montmorency-Luxembourg.

67. Charles-Philippe d'Albret, duc de Luynes et de Chevreuse, devint seigneur de Coulommiers par son mariage avec Louise-Léontine-Jacqueline de Bourbon Soissons, en 1710. Elle mourut en 1721. Le duc de Luynes se porta pour seigneur de Coulommiers pendant la minorité de son fils.

68. Marie-Charles-Louis d'Albret, duc de Luynes et de Chevreuse, fut seigneur de Coulommiers par la mort de Louise-Léontine-Jacqueline de Bourbon Soissons sa mère. Il mourut en 1771.

69. Louis-Joseph-Charles-Amable, duc de Luynes et de Chevreuse, fut seigneur de Coulommiers en succédant à son père, Marie-Charles-Louis d'Albret, duc de Chevreuse. Il a vendu la chatelenie de Coulommiers le 16 mai 1777.

70. Anne-Pierre de Fezensac, marquis de Montesquiou et seigneur de la ville et chatelenie de Coulommiers, par l'acquisition qu'il en a faite le 16 mai 1777 de M. le duc de Luynes.

M. le marquis de Montesquiou, par l'acquisition de la chatelenie de Coulommiers, a été seigneur jusqu'en 1791, époque de la suppression des fiefs, droits et honneurs féodaux de onze paroisses, Coulommiers, Aulnoy, Giremontiers, Mouroux, Saint-Augustin, Bauteil, Saints, Chailly, Saint-Remy de la Vanne, Saint-Siméon et Maupertuis, dont il était seigneur, mais qui, mouvant de Coulommiers, s'y trouvent réunis de droit, à défaut de déclaration de non réunion par cette acquisition.

C'est à Maupertuis, dont il était seigneur, comme on vient de le dire, qu'il avait son château. Il a dépensé des sommes énormes pour en faire un séjour enchanteur, et l'abbé Delille, dans son poème des *Jardins,* a célébré par ces deux vers :

Les grâces en riant dessinèrent Montreuil,
Maupertuis, le désert, Rincy, Limours, Auteuil.

celui où des eaux vives et limpides, des bosquets touffus jetés çà et là, rivalisent avec les sites pittoresques, où les unes serpentent, et où les autres développent leurs feuillages épais, pour en faire un élysée comparable à celui que les poètes de l'antiquité nous offrent comme le séjour des hommes vertueux après leur mort. Si cette fiction poétique eût pu se réaliser, qui eût été plus digne par ses vertus de jouir des célestes récompenses qu'elle offroit aux hommes de bien, que M. de Montesquiou !

Plutôt le père que le seigneur des habitans de Maupertuis, il les a comblés de bienfaits. C'est à cette bienfaisance éclairée qu'ils doivent d'avoir vu toutes les maisons, ou plutôt les huttes couvertes en chaume qu'ils habitaient, disparaître pour faire place à un village régulier, orné de maisons solidement bâties en pierres meulières, et couvertes en tuiles; une église d'une architecture simple, mais élégante; enfin, un bureau de poste; l'établissement d'une foire annuelle; la fondation d'un hospice, desservi par deux sœurs hospitalières; derniers bienfaits dont les effets ont disparu avec son patronage. Son épouse, digne d'être associée à ses vertus, l'amie et le soutien des infortunés, repose modestement, d'après ses dernières vo-

lontés, au milieu des malheureux qu'elle a soulagé et consolé, dans l'humble cimetière de ce
village, entourée des bénédictions et des regrets
de leurs descendans.

FIN.

IMPRIMERIE DE BRODARD, A COULOMMIERS.

APPENDICE

A LA NOTICE

SUR

COULOMMIERS.

Après avoir terminé cette notice, je ne puis résister au plaisir d'offrir au lecteur les stances inédites inspirées par le charme des lieux à M. Le Brun de Charmettes, sous-préfet de l'arrondissement de Coulommiers, et auteur du poëme l'*Orléanide*. La douce mélancolie dont elles sont empreintes, ajoute, s'il est possible, à la magie du style.

J'y joins également quelques fragmens d'une épître en vers adressée à madame la princesse de Condé par Sarrazin, poète du dix-septième siècle, lors de son séjour au château de Coulommiers, à la suite de la reine Anne d'Autriche et du car-

6

dinal de Richelieu. Ces vers, dont la facture se ressent du mauvais goût du poète, font l'éloge du château et des environs de Coulommiers, et la satire des nobles de sa seigneurie.

Je commence par les vers de Sarrazin, non comme les meilleurs, mais comme les plus anciens en date.

FRAGMENS

D'UNE ÉPITRE EN VERS

ADRESSÉE

A MADAME LA PRINCESSE DE CONDÉ.

———

Sur ces vers que l'on vous écrit,
Et qu'on prétend que votre altesse voye
Seulement comme un jeu d'esprit,
Si pourtant, loin de vous, l'esprit peut être en joye;
A Coulommiers, où les ombrages noirs
Des agréables promenoirs
Sont toujours rafraîchis par l'aile du zéphire,
On songe à vous incessament.

. . . .

Ainsi parmi ces bois que les plus longs hyvers
Ont laissé toujours verds;
Ainsi près du Morin dont l'onde
Et murmurante et vagabonde,

Semble avecque regret abandonner ces lieux,
 Dignes d'être habités des dieux ;
Ainsi dans ce palais de structure superbe,
 Chacun s'écrie avec Malherbe :
Qu'il est vrai que ces lieux ont d'aimables appas,
Mais que l'on y voit rien, ne vous y voyant pas.
 Mais changeons un peu de discours,
Et pour vous divertir égayons notre veine.
  Ici nous voyons tous les jours
   Un éternel concours
  De la noblesse prochaine,
  De la montagne, de la plaine,
En grègues d'écarlatte, en jupes de velours.
Ces nobles, épronnans pour être des premiers
  A se montrer à Coulommiers,
Y débitent sans fin, les noises, les querelles
  Des braves et des belles,
  Et finissent leurs entretiens
Par des procès, des chevaux et des chiens
  Dont on se passerait très bien,
Et sur quoi, fort souvent, on ne leur répond rien.

    Bibliothèque poétique, t. 1, l. IV, page 262.

Voici maintenant les stances que la magnifique vue dont on jouit du haut de la montagne de Montanglaust, a inspirée à M. Le Brun de Charmettes, au mois de mai 1824 :

LES

SOUVENIRS DE COULOMMIERS.

———

Quand l'aurore aux pasteurs promet un jour serein,
A mille souvenirs mon âme s'abandonne
Sur les rians coteaux dont le cirque environne
Les murs de Coulommiers et les bords du Morin.

Du sommet verdoyant que Montanglaust domine,
Je ne me lasse point de voir et d'admirer.
De vallon en vallon, de colline en colline,
Mon regard amoureux se plaît à s'égarer.

Cette église aux vitraux dispersés par l'orage,
A la tour inclinée, aux murs noirs d'un long âge,
Fameux par sa hauteur, son exil et sa mort,
Un primat d'Albion (1) l'éleva sur ce bord.

Heureux, si, s'arrêtant dans ces vallons agrestes,
Il eut cherché la paix à l'ombre de la croix,
Et préféré d'un Dieu les exemples modestes,
Au plaisir orgueilleux de défier les rois!

———

(1) Thomas Becket, primat d'Angleterre, archevêque de Cantorbéry.

Ces platanes mouvans qu'au loin mes yeux admirent,
M'indiquent le palais, le parc cher aux amours,
Les jardins merveilleux, où noblement gémirent
La princesse de Clève et le duc de Nemours (1).

Il ne reste plus rien des bois où s'égarèrent
Les pensers et les pas de Nemours incertain,
Ni de ce pavillon dont les murs écoutèrent
Le plus cruel aveu dont ait gémi l'hymen.

Ce beau palais n'est plus qu'une informe ruine.
Le zéphyr qui se plaint, le saule qui s'incline,
Le flot qui tour-à-tour se soulève et s'endort,
Tout y parle d'amour, de regrets et de mort.

Oh! qui pourra jamais habiter ces vallées,
Errer dans ce beau parc, sur ces bords enchanteurs,
Et quitter sans regret des heures envolées,
Ces palais de verdure et ces temples de fleurs!

Il l'éprouva jadis, ce jeune Longueville,
Ce dernier rejeton de l'immortel Dunois,
Qui, partant pour la guerre, en ce riant asile
Vint rêver solitaire une dernière fois (2).

---

(1) Personnages historiques du roman de madame de la Fayette, intitulé : *La Princesse de Clèves.*
(2) Il fut tué au passage du Rhin.

Ils ne l'ont point quitté sans répandre des larmes,
Ces apôtres nouveaux parmi nous envoyés,
Qui virent tant de cœurs, à leur voix ralliés,
Pleurer leur innocence et retrouver ses charmes.

Puissé-je de tes murs, ne m'éloigner jamais,
O ma ville chérie, ô cité des colombes (1)!
Puisse, au bord du Morin, parmi ces humbles tombes,
Au cercueil de mon fils, le mien s'unir en paix (2)!

J'ai oublié dans cette notice de faire mention des armes de la ville; je répare cette omission.

Ces armes sont d'azur, au colombier d'argent, avec un serpent.

Dessous est cette devise :

Prudentes ut serpentes, dulces ut columbæ.

Cette devise fait l'éloge du caractère et des mœurs des habitans, ce qui doit les engager à les réclamer, ainsi que l'ont fait beaucoup de villes.

---

(1) Allusion au nom latin de Coulommiers, *Columbariæ* ou *Columba-rium*.

(2) L'auteur perdit, en 1822, à Coulommiers, un enfant né dans cette ville.

FIN DE L'APPENDICE.

ERRATA.

Sur la couverture, léguillette, *lisez* l'éguillette.
Au titre de la brochure, *ibidem*.
Page 27, femme d'une rare force, *lisez* femme d'un rare mérite.
— 58, ligne 8, après ces mots : l'arrest donne, ajoutez .
— 74, soulagé et consolé, *lisez* soulagés et consolés.

IMPRIMERIE DE BRODARD, A COULOMMIERS.